Friedrich Schorlemmer

Da wird auch dein Herz sein

Friedrich Schorlemmer

Da wird auch dein Herz sein

Engagiertes Christsein

KREUZ

2. Auflage 2011

www.kreuz-verlag.de

Umschlaggestaltung: Christian Langohr
Umschlagmotiv: © dpa Picture-Alliance / Erwin Elsner

Satz: de·te·pe, Aalen
Herstellung: fgb · freiburger graphische betriebe
www.fgb.de

Gedruckt auf umweltfreundlichem, chlorfrei gebleichtem Papier
Printed in Germany

ISBN 978-3-451-61026-4

Inhalt

Gott glauben

I.

Gott ist kein Aller-Welts-Wort. Wer dieses Wort ausspricht, muss wissen, was er tut: Er unternimmt es, das Unsagbare sagbar, das Unfassbare fassbar, das Unbegreifbare begrifflich greifbar zu machen.

Er unternimmt es, das, was über alle Dinge ist, mit allen Dingen zu verweben. Er nimmt ein in Jahrhunderten arg beschmutztes Wort wieder auf. Das bleibt ein Wagnis. Und er wird geblendet durch SEINE Erhabenheit: »Heilig, heilig, heilig!« singen die Seraphim geheimnisvoll, nicht rätselhaft, als Jesaja zum Propheten berufen wird. Und Jeremia erfährt das göttliche Wort, im Innersten erschüttert ein »fressend Feuer«. Jesus nennt ihn mit Ur-Vertrauen »Abba«. Wer Gott sagt, kann es zugleich nur tun – wie es Paulus widerfuhr – »mit Furcht und Zittern«, als ein dazu Ermächtigter, nicht als Eigen-Mächtiger, als ein um das rechte Wort Bittender, nicht als ein Selbst-Gewisser.

Es ist außerdem *Vor*sicht geboten – zumal nach allem Missbrauch in allen Zeiten und in allen Religionen! – ehe man neue *Zuver*sicht gewinnt.

Das »Subjekt Gott« ist allenfalls erfassbar durch die Fülle seiner Prädikate, die uns die Heilige Schrift als ein vielgestaltiger Erfahrungsbericht mit Gott darbietet: Der Treue, der Liebende, der Barmherzige, der Gütige, der Gnädige. Der Anrufende und der Zurechtbringende, der Richtende und der Aufrichtende, der Zusprechende und der Ansprüche Stellende, der Ewige im Zeitlichen, der Vollkommene im Unvollkommenen, der Distanz Gebietende und der Nähe Versprechende, der Geber aller Gaben und unsere Begabungen Abfordernde … Der Unbegreifliche und Dunkle (Deus absconditus) und der ganz Offenbare und Helle (Deus revelatus), der anthropomorph Erscheinende und der kosmisch Unnahbare, das Alpha und das Omega, der Anfang und das Ende.

Wohl dem, der aus den Tiefen seiner Seele ausrufen kann: »Oh Gott!« – »Vater unser« – »Von allen Seiten umgibst du mich und hältst deine Hand über mir.« (Psalm 139)

»*Das* heißt ihn fassen, wenn das Herz ihn ergreift und an ihm hängt.« Denn wo dein Gott ist, da wird auch dein Herz sein; wo dein Herz ist – also worauf du dich ganz verlässt – da ist dein Gott. Selbsterdachte Wahn- und Traumbilder oder Macht, Geld, Ehre, Beliebtheit, Sicherheit vor der Welt machen aus Gott immer wieder einen Ab-Gott. Da verlässt man sich dann »aufs lautere Nichts.« (Martin Luther im Großen Katechismus 1529).

Das Wort GOTT wird somit zu einem ein Begegnungs-, Beziehungs- und Orientierungswort, zu einem Ausdruck grundlosen, über Abgründe hinweghelfenden Vertrauens.

Davon soll die Rede sein, in mehreren Anläufen: provozierend und protestantisch profilierend, Mut machend, Demut lernend, das ganz Große auch in die Niederungen des Konkreten eintragend.

II.

Wo Gott über allen Dingen steht, da lernen wir das Leben. Da sehen wir den anderen, da erfahren wir den Sinn, da können wir auf Macht verzichten.

Da fällt die Furcht ab. Da bekommt Autorität etwas Bergendes. Da wird die Welt entgöttert. Ein Gott, den wir weder *haben* noch *machen* können, wird zu dem Gott, in dem wir »leben, weben und sind«, statt all der Dinge, an die wir unser Herz hängen, an die wir uns binden, bis sie uns binden, umgarnen, umschlingen, verschlingen.

Denn *Gott* ist über allen Dingen. Wir sind nicht mehr versklavt an die Dinge, an die wir uns klammern und die mit uns vergehen.

»Es bleiben aber Glaube, Hoffnung, Liebe, diese drei; aber die Liebe ist die größte unter ihnen.« (1. Korinther 13)

Glauben heißt Vertrauen haben, einem Ruf folgen, einem Versprechen Glauben schenken. Nicht das Für-wahr-Halten kaum begreiflicher, wundersamer Tatsachen aus einer fernen, biblisch überlieferten Vergangenheit trifft das, was im christlichen Sinne Glauben heißt.

Glauben wächst aus lebendiger Vergegenwärtigung vergangener Erfahrung, verbunden mit eigenen Erfahrungen, bis der »garstige Graben der Geschichte« (Lessing) überwunden ist. Dazu bedarf es nicht zuletzt des kritischen Urteils, das Zeitbedingt-Relative vom Bleibend-Wichtigen und Bleibend-Gültigen zu unterscheiden. Kriterium ist das, was zu Christus passt. »Was Christum treibet«, das gilt, lehrte der bibelorientierte Luther. Dass Glauben Gottvertrauen ist, findet einen so sprachlich schönen wie religiös tiefgehenden Ausdruck in Psalm 23, im Vaterunser oder in einem Gospel (wie »God is so good to me«, gesungen von Mahalia Jackson) – unvergleichlich existentieller, verstehbarer und anrührender, als das im traditionellen Credo (dem sog. Apostolikum) zur Sprache kommen kann. Ich halte die liturgische Dauerzelebration dieses dogmengeschichtlichen Textes für eine unnötige und höchst fragwürdige Barriere für Menschen, die heute nach dem Gottesglauben fragen und im Gottesdienst diese Antwort erhalten.

Christlicher Glaube lässt sich kaum angemessen als verobjektivierte Tatsachen-Behauptung – fixiert in Dogmen – ausdrücken. Glaube ist eine Relation, eine gelingende innerste Beziehung – der Liebe vergleichbar. So sollte es statt »Ich glaube an …« oder »Ich glaube, dass …« besser heißen: »Ich glaube ihm …« Glaube als (Grund-)Vertrauen verlangt den Dativ, nicht den Akkusativ!

In diesem Sinne versuche ich auszusprechen, was für mich Christus glauben bedeutet:

Nach allem, trotz allem glaube ich ihm,
Jesus aus Nazareth, Menschensohn, Bruder, Heiland.
Ich glaube dem Mann
mit der offenen Hand,
mit der offenen Wunde,
mit dem sanften Mut, auf Feinde zuzugehen,
dem Mann des Kreuzes, nicht der gekreuzten Klinge,
der Vergebung, nicht der Genugtuung.
Ich vertraue dem, der Kinder erhöht,
Grenzen missachtet
und den eisenbeschlagenen Himmel öffnet
mit der Unbestechlichkeit seiner Liebe.
Ich genieße dankbar
das Stück Brot und den Schluck Wein
und erfahre das Geheimnis des Glaubens.
Die Vögel unter dem Himmel
werden meine Lehrmeister.
Ich glaube dem Freund der Armen,
dem Helfer der Kranken,
dem Tröster der Verzagten.
Ich glaube der Kraft seines Geistes,
der dem Tode die Macht nimmt,
der Frieden schafft,
Vertrauen stärkt,
Hoffnung stiftet,
mitten unter uns.
Ja, ich glaube ihm.

Identität finden

»Jesus verkündete das Reich Gottes;
aber es kam die Kirche.«
Alfred Loisy

I.

Als hoffnungsvolle Herausforderung, gar als Verheißung galt noch vor etwa drei Jahrzehnten die Vorstellung, dass die Welt *eine* Welt würde. Zugleich galt und gilt die *Eine Welt* als große gemeinsame Aufgabe für die Menschheit, den wechselseitigen Abhängigkeiten und Bedrohungen mit einem neuen Denken und globaler Verantwortung für den Oikos zu begegnen (von Albert Einstein über Günther Anders und Fritjof Capra bis zum Club von Rom, zu Ivan Illich oder Michail Gorbatschow), von den Kirchen gebündelt ausgesprochen in den Abschlussdokumenten der »Ökumenischen Versammlungen für Gerechtigkeit, Frieden und Bewahrung der Schöpfung«.

1989/90 wurde zu einer zunächst glückhaft erfahrenen Zäsur: ein gewaltig-gewaltloser Aufbruch in die Demokratie im Ostblock, das friedliche Ende der Apartheid in Südafrika, die Beilegung von Bürgerkriegen in Angola, Kambodscha, Namibia.

Inzwischen sprechen wir fast nur noch von »Globalisierung«: Die ganze Welt ist nach dem Ende der Blockkonfrontation offen. Sie ist ein einziger großer Markt für Waren, Dienstleistungen und Kapital geworden. Die politisch, ökonomisch und kulturell zerrissene Menschheit steht vor völlig neuen Herausforderungen und existentiellen Gefährdungen.

Das religiös erschlaffte Europa trifft vehement auf historisch verwandte oder hierorts fremde Religionen mit deren ungebrochenen Gewissheiten, weil diese sich keinem Aufklärungsschub stellen mussten.

Die Suche nach europäischer und nach deutscher Identität kommt neu auf: Wer sind wir, woher kommen wir, was wollen wir? Bleiben im Westen Christentum, Antike und Aufklärung aneinander gekoppelt? Wo sind die blinden Flecken der Aufklärung? Und wie gehen wir Europäer mit der neuen Religiosität, wie gehen wir mit unserer so wunderbaren wie schreckenerregenden Christentumsgeschichte um?

Fortgesetzte konfessionelle »Kleinstaaterei« bei ohnehin abnehmender Akzeptanz des Christlichen überhaupt, verbunden mit geistiger Enge, lässt durchaus die Befürchtung zu, dass der Protestantismus sich aus der öffentlichen Wahrnehmung der Weltgesellschaft verabschiedet und gar als eine Fußnote der Geschichte bewertet werden wird.

Da die Traditionsvermittlung im Protestantismus gemeinhin mehr über Personen als über Institutionen samt deren ritueller Inszenierung verläuft, hat die evangelische Welt in einer von Massenmedien beherrschten Weltgesellschaft weit geringere Wirkungschancen als die katholische Weltkirche. Sich katholischem Gebaren anzugleichen, das wäre gewiss keine sinnvolle Reaktion, zumal protestantisches Kirchentum einen großen Schatz zu bewahren hat: Mitbestimmung mündig gemachter Einzelner, Unmittelbarkeit zu Gott, Konzentration auf die biblische Botschaft in ihrer Vielfalt, Freiheit der Entscheidung und Verantwortungsübernahme vor Ort. Die mit katholischen Christen – vor allem von der Basis her – gemeinsam erkannte Aufgabenstellung der Kirchen aus dem konziliaren Prozess für Gerechtigkeit, Frieden und Bewahrung der Schöpfung ist nicht nur geblieben; sie hat sich verschärft. Und Ökumene verlangt heute nach gemeinsamem Zeugnis: angesichts weltweiter Verarmung mit neuen sozialen Konflikten, angesichts neuer Kriege und erneuter Aufrüstungsspiralen, angesichts der Flüchtlingsströme, der Umweltzerstörung, des Ressourcenverschleißes und der Klimakatastrophen sowie der globalen Verletzung elementarer Menschenrechte. Es bedarf dringend konzertierter Aktivitäten für ein einklagbares internationales Rechtsgefüge mit mehr wirtschaftlicher Gerechtigkeit für arme und armgemachte Länder. Das alles stellt unsere christliche Kirche vor besondere Herausforderungen. Dazu gehört eine partnerschaftliche ökumenische Selbstverständigung darüber, was heute zum gemeinsamen Auftrag der Kirche Jesu Christi in der einen Welt Gottes spirituell, sozial-ethisch und lebens-praktisch gehört, auch wenn es die Kirche weiterhin in verschiedenen Kirchen gibt. Das »Salz der Erde« und »Licht der Welt« zu sein, spricht Jesus den Seinen zu.

In diesem Zuspruch steckt ein einzulösender Anspruch: kritisches Element und motivierende Hoffnung *in* der Welt und *für* die Welt zu sein. Ökumene in der *Einen Welt* braucht einen Gleichklang, bei dem sich die geistigen und geistlichen Kräfte darauf richten, dass die friedensstiftende Funktion der christlichen Religion in einem respektvollen Umgang mit anderen Religionen und Kulturen zum Tragen kommen kann. Die politische Suche nach einem fairen globalen, rechtlich abgesicherten Interessenausgleich ist vor Ort und auf allen politischen Entscheidungsebenen zu unterstützen. Jedem erneuten Missbrauch der Religion zur Legitimation oder gar Anstachelung von Gewalt und Terror ist gemeinsam zu wehren.

Religionsfreiheit schließt gegenseitige Toleranz ein, die ihre Grenze an den Intoleranten findet. Provozierende Karikaturen gehören zur zu schützenden Meinungsfreiheit, das demonstrative Verbrennen heiliger Bücher anderer Religionen nicht.

Christliches Sendungsbewusstsein mit dem Anspruch von Überlegenheit oder gar einziger Wahrheit ist nicht nur unangemessen, sondern kontraproduktiv. Die Schnittmengen für das ethisch Gemeinsame der Völkergemeinschaft und für »gemeinsame Sicherheit« sind auszuloten. Dafür können christliche Kirchen als vorpolitische Kraft wichtige Vermittlungsdienste leisten, wie sie dies in der Ost-West-Konfrontation hatten tun können.

Nur aus geistlicher Substanz erwächst öffentliche Relevanz. Geistige Enge und dogmatische Abgrenzung mindern öffentliche Akzeptanz. Wenn die verschiedenen christlichen Kirchen unter sich eher das Trennende als das Gemeinsame suchen oder sich gar gegenseitig die volle Anerkennung verweigern, sich nicht einmal zur eucharistischen Gastfreundschaft bereit finden, werden sie nicht nur an Überzeugungskraft, sondern an innerer Legitimation einbüßen.

Ökumene wäre an ihr (erreichbares) Ziel gelangt, wenn sich unter allen Christen ein »WIR-Gefühl« entwickeln würde und wenn Christen trotz aller Unterschiede zueinander und anderen gegenüber sagen könnten: *Wir Christen!*

Danach erst käme zur Geltung, was wir als Katholiken, Orthodoxe oder Protestanten sind.

Das wäre gewiss kein Relativismus, sondern gegenseitige Anerkenntnis aus dem versöhnenden Geiste Jesu Christi.

Die Autorität, Substanz und Legitimation aller christlichen Kirchen bleibt – bei allen historisch gewachsenen Unterschieden – zentral an das Lebensgeschick und den Lebensweg, an Auftrag und Verheißung des Jesus Christus gebunden.

II.

Was als winzige Abspaltung vom Judentum, inspiriert von einem charismatischen Rabbi aus der Provinz Galiläa mit den zwölf von ihm berufenen Jüngern und einigen tapferen Frauen begann, wurde zu einer kontinuierlich anwachsenden, die Sprach- und Kulturgrenzen überschreitenden *Volksbewegung von unten*, die von den römischen Machthabern über zwei Jahrhunderte aufs Blutigste verfolgt wurde, bis es im Jahre 312 durch Kaiser Konstantin zur Erhebung des Christentums zur *Staatsreligion* kam – und dies weniger aus theologischen als vielmehr aus machtpolitischen Gründen. Das Christentum wurde zur Reichs-Religion, zum Bindeglied des römischen Imperiums in seiner Sterbephase.

Bald standen Westrom gegen Ostrom, der Patriarch von Konstantinopel gegen den Papst in Rom. Das Schisma reicht bis heute. Durchgängiges *Konfliktthema* der Christentumsgeschichte blieb das Verhältnis von Menschlichkeit und Göttlichkeit Jesu, von staatlicher und geistlicher Autorität, Kaisertum und Papsttum, von sozialer Gestalt und sozialer Utopie, von realem »Reich der Welt« und erhofftem »Reich Gottes«. Genau diese nicht aufgelöste Spannung macht das Geheimnis des Erfolges Europas ebenso aus, wie es die Religions- und Expansionskriege erklären hilft.

Aufgeklärtes politisches Handeln versöhnt die Macher mit den Träumern, die kühlen Pragmatiker mit den glühenden Visionären, die Freiheit des Einzelnen mit den Verpflichtungen für die Gemeinschaft, das Realisierbare mit dem Wünschbaren – stets die Mittel-Zweck-Relationen austarierend, nicht die Priorität des je Aktuell-Konkreten gegen das Überzeitliche ausspielend. Die lang erkämpfte rechtliche Trennung von geistlicher und weltlicher Macht, der wohlweisliche Abschied von der Staatsreligion kennzeichnet das »aufgeklärte Europa«. Das Gegenüber der beiden Mandate erwies sich als eine alles in allem produktive Partnerschaft – solange der Staat sich nicht selber absolut setzte oder gar vergötzte (im 20. Jahrhundert in der Gestalt von Faschismus oder Bolschewismus) und insofern die Kirchen sich nicht von den Errungenschaften der Aufklärung trennten und nicht wieder in dogmatisch-fundamentalistisch-totalitäre Fallen laufen. Leszek Kolakowski hat die schwer erkämpfte, aber doch durchgängige Fähigkeit zur Selbstkritik als das bestimmende europäische Kennzeichen, als das Erfolgsgeheimnis Europas ausgemacht. So gehören z. B. das Bebauen und das Bewahren, das Herrschen über die Welt und das Schützen der Welt ebenso zusammen wie die nötige Autorität eines rechtlich verankerten Gewaltmonopols des Staates mit der Freiheit und Gewissensbindung des Einzelnen miteinander korrespondieren. So haben beispielsweise die Widerständler des 20. Juli 1944 ihr – spätes – Wagnis des Tyrannenmordes auch ethisch genau bedacht. Die Kirchenasylgemeinden stellen sich aus Barmherzigkeit in konkreten Fällen gegen geltende Abschiebegesetze. Johannes Paul II. hat im Januar 2003 vor dem Diplomatischen Korps davon gesprochen, dass Krieg immer eine Niederlage der Menschheit darstellt und hat mit deutlichen Worten vor dem 2003 drohenden Irak-Krieg gewarnt – wie maßgebliche Vertreter anderer Kirchen auch.

Ohne Zweifel ist das Christentum die bestimmende *Hintergrundskultur* der Welt geworden, die man weiterhin auch das griechisch-jüdisch-christlich geprägte Abendland nennen mag. Das traditionelle Europa reicht exakt so weit, wie die lateinische Messe einst gereicht hat. Bei den aktuellen EU-Erweiterungsdebatten um Länder außerhalb dieses Raumes wird das noch heute politisch brisant, ob gegenüber christlich-orthodoxen oder gar muslimisch geprägten Ländern.

Christlicher Glaube als persönliches Bekenntnis und *Christentum* als politisch-kulturelle Größe bleiben unterschieden und sind zu unterscheiden. Die Substanz des Christlichen gibt es nur gebrochen in verschiedenen christlichen Konfessionen und Kirchen, belastet und erneuert im Auf und Ab einer zweitausendjährigen Geschichte. Kirchengeschichte hat schon Goethe als einen »Mischmasch aus Irrtum und Gewalt« nicht unzutreffend, aber auch nicht hinreichend charakterisiert.

In der aktuellen Begegnung der christlich geprägten Kultur mit anderen Kulturen, Religionen und Weltbildern kann nicht mehr die Frage im Vordergrund stehen, wie man anderen christliches Traditionsgut nahebringt, sondern vielmehr, wie die Bürgerinnen und Bürger selbst sich dieses Traditionsgut individuell und kollektiv bewusst wieder aneignen – oder sich in ebenso freier Entscheidung davon verabschieden. Kulturelle Prägungen bleiben dennoch!

Der Dreiklang von *Wissen, Verstehen und Teilhaben* ist für den Glauben konstitutiv. Unverzichtbar ist hinreichende Kenntnis dieser Überlieferung. Ihr Verstehen schließt die kritische Würdigung der Wirkungsgeschichte ein. Die Teilhabe erfordert eine persönliche Entscheidung. Sie bleibt unter dem Vorbehalt des möglichen Irrtums. So wird die Geschichte weitergeschrieben und entfaltet ihre zivilisierende Kraft in der Gemeinschaft.

Christentum meint eine kulturelle Größe mit einem religiös bestimmten Überlieferungscorpus in vielfältigen Ausdrucksformen. Die Heiligen Schriften des Alten und Neuen Testaments verbinden die christlichen Konfessionen. Christlicher Glaube wird noch immer unter dem Dach der altchristlichen Bekenntnisse artikuliert, die zum

Teil mit kaiserlicher Macht durchgesetzt und klerikal konserviert wurden. Ihren Anspruch, Symbol einer weltumspannenden Einheit zu sein, können sie faktisch schon lange nicht mehr einlösen, weil sie einem längst überwundenen, geozentrischen und dreistöckigen Weltbild von Himmel, Erde und Hölle verhaftet sind. Auch wenn sie für das universale Zeichen der Taufe immer noch als konstitutiv angesehen werden, sind sie für immer weniger Menschen ein adäquater Ausdruck ihres Glaubens und ihrer Versuche zu wacher Zeitgenossenschaft.

Christlicher Glaube und Christentum standen und stehen sowohl in einem Entsprechungs- wie in einem Spannungsverhältnis. Europa wird sich nicht zusammenfinden, wenn es sich dabei nicht mehr über seine *Herkünfte*, *Grundlagen* und *Erfahrungen* verständigen könnte. Es darf nicht in Vergessenheit geraten, dass es zu den essentiellen Grundeinsichten der europäischen Kulturgeschichte gehört, dass die Freiheit *zum* Glauben die Freiheit *vom* Glauben einschließt, also jede Nötigung ausschließt.

Wesentliche Elemente des Christlichen sind in Lebenswelten eingewandert, ohne dass sie noch unmittelbar wiedererkannt werden. In dem Maße, wie sie zum Allgemeingut wurden, haben sie ihren provokativ-sperrigen wie ihren befreienden Charakter verloren. Das Kalenderjahr wird bei allen Europäern – jedenfalls äußerlich – vom christlichen *Festkalender* bestimmt – verbunden mit allerlei heidnischem Brauchtum. Die großen Feste wie Weihnachten und Ostern sind weithin privatisiert, kommerzialisiert und dienen zuförderst einer spezifischen Stimmungspflege.

Öffentliche Rituale sind auch die Vereidigungen von Regierungen. In ihnen spiegeln sich besondere Erwartungen der Regierten an die Verlässlichkeit und das Verantwortungsbewusstsein der Regierenden wider. Sie thematisieren die Vertrauensfrage. Da bricht nicht zufällig immer wieder der Streit darüber auf, ob Ministerinnen und Minister ihre Verpflichtung mit der Formel schließen sollten: »So wahr mir Gott helfe.« Hinter dieser Auseinandersetzung verbirgt sich die Frage nach Identität und Integrität mitsamt der Gründe für die Weigerung, das Ritual in der überkommenen Form zu vollziehen. Manche suggerieren, dass es denen, die darauf verzichten, an letzter innerer Verbindlichkeit für ihre Amtsführung mangele.

Die Debatte um den *Gottesbezug* in der *Europäischen Verfassung* verdeutlichte den unterschiedlichen Weg, den europäische Nationalstaaten bei der Trennung von Staat und Kirche gegangen sind. Nicht wenige glaubensferne Philosophen oder Politiker plädieren gegen die Stimmen, die eine klerikale Vereinnahmung befürchten, *für* die »Chiffre Gott«, nämlich als Grenzziehung und Schutz vor einer Vergötzung politischer und ökonomischer Macht sowie als Markierung für das Festhalten an prinzipieller Unverfügbarkeit unserer grundlegenden Wertsetzungen. Das lässt sich ganz im Sinne einer aufgeklärten Vernunft verstehen, wie sie Immanuel Kant uns aufgegeben hat.

In Deutschland stehen – angesichts neuer Rahmenbedingungen in der Europäischen Union, aber auch durch konfessionelle Durchmischung und religiöse Entleerung – öffentliche Rolle und der Status der Kirchen sowie deren Präsenz in karitativ-diakonischen Einrichtungen, in Institutionen der Bildung und Erziehung sowie der Seelsorge in Militär und Polizei zur Debatte. Zugleich wächst die Sensibilität dafür, wie Kirchengebäude das Gesicht des öffentlichen Raumes prägen und welche symbolträchtige Bedeutung sie für das kulturelle Gedächtnis der europäischen Gesellschaften besitzen.

Direkte und indirekte »Wertevermittlung« wird in Konfliktzuspitzungen von den Kirchen erwartet, z.B. nach rechtsradikalen Gewaltübergriffen, in bezug auf die Solidarität mit den Armen in der Welt wie vor Ort oder bei Fragen nach Kriegsrechtfertigungen bzw. nach einem gerechten Frieden.

Die frühe Kirche, solange sie noch frei von staatlicher Anerkennung war, stellte sich auf Grund der Taufe radikal der Frage, ob Christen überhaupt Soldaten sein können, ob sie jemals einen Eid gegenüber einem Staat oder einem Herrscher ableisten dürfen. Der Kirchenvater Tertullian konstatierte im 2. Jahrhundert: »Vor allem muss man ja fragen, ob Christen überhaupt Soldaten werden dürfen ... Dürfen wir einen Fahneneid, der Menschen gilt, leisten, nachdem wir den Fahneneid geschworen haben, der Gott gilt (also das Glaubensbekenntnis)? Dürfen wir uns noch einem anderen Herren angeloben, nachdem wir uns Christus angelobt haben? ... Dürfen wir mit dem Schwert umgehen, während doch der Herr gesagt hat: ›Wer das Schwert nimmt, wird durch das Schwert umkommen.‹ ... Wird er sich vom Feldherren die Losung geben lassen, während er doch schon von Gott die Losung erfahren hat?«

Die Debatte lohnt, was von dieser prinzipiellen Haltung nach 1800 Jahren noch Gültigkeit beanspruchen kann.

An Versuchen, den damit gegebenen Konflikt zu entschärfen, hat es nicht gefehlt. Protestanten in Uniform wie Generalfeldmarschall von Moltke urteilten:

»Der ewige Friede ist ein Traum und nicht einmal ein schöner, und der Krieg ein Glied in Gottes Weltordnung. In ihm entfalten sich die edelsten Tugenden des Menschen, Mut und Entsagung, Pflicht, Treue und Opferwilligkeit mit Einsetzung des Lebens. Ohne den Krieg würde die Welt im Materialismus versumpfen.«

Staatliche Macht und Machthaber blieben immer in Versuchung, sich das Christentum dienstbar zu machen. Als verhängnisvoll erwies sich seine Abdrängung in die Sphäre von Innerlichkeit und als Privatsache. Die revolutionären

Impulse des Christusglaubens ließen sich auf Dauer nicht aus der Welt schaffen. In allen Reformbewegungen der christlichen Kirchen haben sich die Ideale von Frieden, Gerechtigkeit, Menschenwürde und Selbsthingabe, von grenzenüberschreitender Nächstenliebe immer wieder neu Raum geschaffen. In den Kirchen fanden sich stets Herbergen für erwärmende Utopien.

Sicher stand für den Preußen Moltke die Überzeugung Pate, dass nur außerordentliche Anstrengungen zu außerordentlichen Leistungen befähigen. Dazu gehören Kraftanstrengung, Disziplin und Opferwille. Freilich: Kein Gemeinwesen kann bestehen ohne sogenannte Sekundärtugenden. Aber ohne Rückbindung an Grundwerte sind sie manipulier- und missbrauchbar.

III.

Das Christentum kann man als die *Kultur* verstehen, in der wir gemeinsam leben, während der christliche Glaube eine *Haltung* ist, aus der heraus Christen leben. Die Kultur finden wir vor. Jeder kann sich darin persönlich einfinden oder davon distanzieren. Dass dies ohne Sanktionen möglich ist, gehört zu der vom Christentum geprägten Kultur- und Lerngeschichte Europas. Es darf nicht verschwiegen werden, dass aggressive Intoleranz historisch so lange nicht zurückliegt und dass es durchaus wieder einen christlichen Fundamentalismus gibt, der sich in seiner Intoleranz mit geistiger Enge kaum von solchen Erscheinungen in anderen Religionen überbieten lässt.

Außer in spezifischer Traditionspflege, deren äußere Symbole und Verhaltensweisen beinahe alltäglich sind, wird das Christentum auch immer wieder durch *Personen* repräsentiert, die den christlichen Glauben nicht nur miteinander geteilt, sondern auch in aller Öffentlichkeit einen von Christus getragenen und geprägten Lebensweg gesucht haben. Offensichtlich braucht jede Kultur, jede Partei, jede Religionsgemeinschaft oder sonstige Gruppierung *Leitfiguren.* Es seien hier unter den christlich geprägten einige Namen von Deutschen genannt, deren Lebensweg in besonderer Weise so mit dem Christlichen verbunden ist, dass die Öffentlichkeit diese Verbundenheit wahrnimmt: der Theologe und Arzt Albert Schweitzer, der Philosoph und Physiker Carl Friedrich von Weizsäcker, der Begründer der Bodelschwinghschen Anstalten Friedrich von Bodelschwingh, die Widerständler gegen den Nazismus Sophie und Hans Scholl, Max Josef Metzger, Reinhold Schneider und Romano Guardini, Dompropst Lichtenberg, Dietrich Bonhoeffer und Martin Niemöller, auch die Präsidenten Gustav Heinenmann, Richard von Weizsäcker und Johannes Rau, die Theologin Dorothee Sölle, ostdeutsche Träger der friedlichen Revolution wie Christian Führer und Christof Ziemer sowie die spätere Sozialministerin in Brandenburg Regine Hildebrandt.

Auch wenn sie sich selbst dort sehen würden, sind in dieser Reihe nicht zu nennen: der im Talar den Arm zum Hitler-Gruß hebende Reichsbischof Ludolf Müller 1933 in Wittenberg oder all die Theologen, die ihre Staatsmänner und deren Kriegsgerassel nicht nur begrüßt, sondern deren Kriege aus nationaler bzw. nationalistischer Perspektive theologisch gerechtfertigt haben, wie Adolf von Harnack 1914 oder Immanuel Hirsch 1939, orthodoxe Bischöfe auf dem Balkan bis heute oder wie der Suggestiv-Prediger Billy Graham.

Ein maßgeblicher lutherischer Theologe, Paul Althaus, schrieb 1915:

»Auch der Krieg, so sinnwidrig er uns erscheinen mag, bildet ein Glied in der Kette der Geschehnisse, durch welche Gott seine heiligen Liebeszwecke der Menschheit zur Durchführung bringt und sie der ewigen Vollendung entgegenführt.«

Es bedurfte schon einigen Mutes, nicht als vaterlandslose Gesellen und Verräter gescholten zu werden, dass fünf Berliner Pfarrer 1917 erklärten: »Wir fühlen angesichts dieses fürchterlichen Krieges die Gewissenspflicht, im Namen des Christentums fortan mit aller Entschiedenheit dahin zu streben, dass der Krieg als Mittel der Auseinandersetzung unter den Völkern aus der Welt verschwindet.«

Besonders verführerisch wurde es für Kirchen, die sich als Volkskirchen innerhalb ihrer Nationen verstanden. So konnte Otto Dibelius, der nach dem Zweiten Weltkrieg zwölf Jahre lang Ratsvorsitzender der Evangelischen Kirche in Deutschland gewesen war, bereits 1926 schreiben: »Niemand kann an der Tatsache vorbeigehen, dass nach Gottes Schöpferwillen alles gesunde Menschenleben, sobald es in das Stadium der Kultur eingetreten ist, auf dem Volkstum beruht. Der Mensch, der sich von seinem Volkstum löst, verliert die innere Sicherheit, die Harmonie seines Lebens. Internationalität, die das eigene Volksleben überspringt, ist immer sittlich haltlos, äußerlich, oberflächlich.«

Eine solche nationalreligiöse Orientierung sollte sich in Deutschland rächen; eine solche Haltung rächt sich in jedem Land, in dem Christen sich dem Völkischen oder Nationalen unterwerfen. In der Regierungserklärung vom 23. März 1933 hatte Hitler – seine wahren Absichten verschleiernd – erklärt: »Der Kampf gegen eine materialistische Weltauffassung und für die Herstellung einer wirklichen Volksgemeinschaft dient ebenso sehr den Interessen der deutschen Nation wie denen unseres christlichen Glaubens.« Wohlgemerkt: »unseres christlichen Glaubens« ruft der Verfasser von »Mein Kampf« aus. Ließen sich alle nur täuschen und können sie sich mit Arglosigkeit freisprechen?

Für »Deutsche Christen« deckten sich die Interessen der Nation mit denen des christlichen Glaubens. Nur ein Teil der evangelischen Kirchen wandte sich seit 1934 der Bekennenden Kirche zu, ohne dass es auch dort zu einer prinzipiellen und öffentlichen Ablehnung des von Hitler angezettelten Raubkrieges und zum offenen Widerspruch gegen die Deportation und Vernichtung der Juden Europas gekommen wäre. Der Riss ging immer mitten durch die Kirchen hindurch. Der Tag von Potsdam im März 1934 symbolisierte den Schulterschluss zwischen Nazis, Bürgerlichen, Militärs und Kirchen. Er wurde ein »schwarzer Tag« unserer Christentumsgeschichte, der evangelischen wie der katholischen.

Früh und sehr konsequent hatte sich als einer der ganz wenigen der 28jährige Privatdozent Dietrich Bonhoeffer geäußert. »Die Kirche Christi lebt zugleich in allen Völkern und doch jenseits aller Grenzen völkischer, politischer, sozialer, rassischer Art, und die Brüder dieser Kirchen sind durch das Gebot des einen Herrn Christus, auf das sie hören, unzertrennlicher verbunden als alle Bande der Geschichte, des Blutes, der Klassen und der Sprachen Menschen binden können.«

Diese in einer Morgenandacht im finnischen Fanö 1934 vorgetragenen Gedanken gehören zu den Schlüsseltexten, die nach 1945 die Versöhnungs- und Friedensarbeit inspirierten.

Bonhoeffer wandte sich gegen jede nationalistische, rassistische oder militaristische Vereinnahmung des Christentums und spitzt in dieser Rede – den großen Krieg vorausahnend – sein theologisches Konzept so zu: »Es gibt keinen Weg zum Frieden auf dem Weg der Sicherheit. Der Friede muss gewagt werden.«

Nur eine sich einig werdende, ökumenisch – also weltweit – agierende Kirche kann das Wort des Friedens wirksam über der »rasenden Welt ausrufen« und »ihren Söhnen im Namen Christi die Waffen aus der Hand nehmen« – so Bonhoeffer.

Der christliche Glaube wird durch seine Zeugen ganz unmittelbar politisch, sowohl durch die Glaubenshaltung jedes einzelnen als auch durch ein inneres Einswerden von Kirchen, die sich gemeinsam an das Zeugnis des Neuen Testaments gebunden wissen, ihre eigenen Wurzeln ernst nehmend.

Bereits 1919 hatte Albert Schweitzer seine Ethik von der »Ehrfurcht vor dem Leben« entfaltet. Schweitzer verlagert das Problem einerseits in das Innere des Menschen, der zum Mitempfinden fähig und bereit sein muss. Andererseits findet er zu einem konsequenten, auch sehr politischen Widerstand gegen alles, was Gewalt rechtfertigt. Was das Christentum und seine Repräsentanten in zwei Jahrtausenden immer geprägt hat, wenn sie die Botschaft des Jesus aus Nazareth ernstgenommen haben, hat Schweitzer in einer seiner Straßburger Predigten von 1919 auf den Punkt gebracht:

»Das Wenige, was du tun kannst, ist viel – wenn du nur irgendwo Schmerz und Weh und Angst von einem Wesen nimmst, sei es ein Mensch, sei es irgendeine Kreatur. Leben erhalten ist das einzige Glück. ... Mit der Abstumpfung gegen das Mitleiden verlierst du zugleich das Miterleben des Glücks der anderen.«

Nimmt man die überlieferten Berichte über Jesus von Nazareth ernst, so ließe sich das »Wesen des Christentums« als Mitleiden, aktive Barmherzigkeit – getragen von Grundvertrauen! – bestimmen. Der Einzelne wird im Innersten von einer befreienden und orientierenden Wahrheit ergriffen und wendet sich versöhnend, friedensstiftend, die Gerechtigkeit fördernd, das Leben bewahrend unserer zerrissenen Welt zu, braucht dafür Verbindung und Verbündung mit anderen, bleibt kritisches Korrektiv gegenüber allem und allen, bei denen Machtinteressen dominieren. Die Kraft, sich hohen *Ansprüchen* zu stellen, kommt aus dem *Zuspruch* für alle, die zu handeln wagen, selbst für Versagende und Verzagende. Die Gnade Gottes ist tragendes Fundament für alles Tun und Lassen.

IV.

Ist das in einem »Leitbild« fassbar, und was wäre darunter zu verstehen?

Ein Leitbild ist eine Grundorientierung, ein Entwurf für die Zukunft, die ihre Wurzeln in der Herkunftsgeschichte hat. Zukunft hat und braucht Herkunft.

Matthias Claudius meinte gar, jeder Mensch brauche etwas, »da er vor Anker gehe«. Auch jede Gesellschaft braucht offenbar etwas, worauf sie sich gründet, *woran* sie sich aufrichtet und orientiert, was sie erfüllt und was sie Krisen durchstehen lässt, *wovon* ihre Bürger leben und *wofür* sie Opfer zu bringen bereit sind. Eine Gesellschaft, die mehr ist als eine amorphe Masse, braucht für ihren Zusammenhalt und ihre innere Kraft identitätsstiftende universale wie partikulare (durchaus auch nationale) Mythen mit dazugehörigen gemeinsamen Riten und Alltagsbräuchen. Sie sind als Atemrhythmus des Ganzen unerlässlich und ermöglichen existentiell-biographische Passagen. Gemeinsam machen sie die »Seele« eines Volkes aus. Sie nähren sie und aus ihnen wächst das spezifische, das Individuen bergende Wir-Gefühl in der Gemeinschaft immer wieder neu. Nationale Besonderheiten entsprechen einem anthropologisch-sozialen Grundbedürfnis und sind so lange für andere ungefährlich als sie nicht mit Minderachtung oder gar Verachtung anderer verbunden werden. In diesem Sinne ist die Religion Teil und Ausdruck der Kultur; indem sie integriert, muss sie neben der partikularen eine universalistische Perspektive bereithalten und sich so sensibel wie entschlossen jeder Vergötzung der eigenen Nation und einem Abgleiten ins Völkische erwehren.

Die Frage nach transzendenten Bezügen, nach Religion als Rückbindung ans Absolute oder nach deren Surrogaten stellt sich immer und überall, selbst in Formen strikter Ablehnung. Kaum etwas scheint für das Aufkommen neuer politischer oder religiöser Fundamentalismen gefährlicher zu sein als anhaltende Gleichgültigkeit, Selbstentleerung und Negierung solcher grundlegender Fragen.

Was wir heute den notwendigen *Kitt einer Gesellschaft* oder ihre *identitätsstiftenden Symbole* und Lebensformen nennen – es ist zerbröckelt, nachdem wir die Nation – »unser Vaterland« – in den Feuern des von Deutschen angezettelten Raub- und Vernichtungskrieges 1939 bis 1945 verloren haben.

Danach waren wir Deutschen in Ost und West unseren Besatzungsmächten gegenüber lernbereit und gehorsam. Die beiden gegensätzlichen politischen Systeme im geteilten Deutschland suchten ihre je eigenen Gründungsmythen und Symbole.

Auf der einen Seite »der Sozialismus«, der die ganze Welt befreien, befrieden und gerecht machen wollte. Auf der anderen die sogenannte »freie Welt«, die bis heute die Freiheit in die ganze Welt transportieren will. Nach dem glücklichen, friedlichen Ende der Blockkonfrontation und der sie stabilisierenden Feindbilder ist eine für viele unerträgliche Leere geblieben. Dieses Vakuum machen sich Neonationalisten zunutze und versuchen, die Demokratie als Lebensform zu delegitimieren. Die freiheitlich-sozialstaatliche Ordnung ist des täglichen Schutzes durch die

Bürger wie durch staatliche Institutionen bedürftig. Das menschenrechtlich fundierte Grundgesetz sollte auf bedachtsame Weise das Nationale integrieren und so zu einem geläuterten Nationalbewusstsein finden.

Die *Überlieferung* ist stets eine Reibungsfläche, die es ermöglicht, Traditionen weiterzuentwickeln oder ihnen eine Alternative entgegenzustellen. Traditionen bzw. das gemeinsame kulturelle Erbe zu pflegen heißt nicht, Asche zu verwahren, sondern die Flamme am Brennen zu halten. Tradition ist kein Sofa, eher ein Sprungbrett. Wohin aber springen und wo landen?!

Wir leben nach dem Verschwinden des Sowjetimperiums mit seinem »real existierenden Sozialismus« im real existierenden globalen Kapitalismus mit seinem totalitären Materialismus und der Hypertrophierung des ökonomischen Erfolges. Wir finden uns in einer Welt wieder, in der das Geld von einem dienstbaren Mittel zum letzten Zweck mutiert ist. Das steht in krassem Widerspruch zu dem so einfachen wie entwaffnenden Satz aus der Bergpredigt: »Man kann nicht zwei Herren dienen, Gott und dem Geld.« (Matthäus 6, 24; Luther übersetzt »Mammon«: dem zum Gott gewordenen Geld.)

Ein Kapitalismus, in dem die Wirtschaft nicht dem Menschen dient, ist nicht christlich. Widerstand und Widerspruch muss von Christen kommen – von einzelnen Personen wie von der Institution Kirche. Eine angesichts fundamentaler Fehlentwicklungen resigniert schweigende Christenheit ist eine glaubensarme Christenheit. Dabei ist wirtschaftlicher Erfolg per se weder gut noch schlecht. Entscheidend ist, wie er zustande kommt, wem er zugute kommt oder schadet, wie er gesellschaftlich nutzbar wird, wie nachhaltig er wirkt. Geld zu verdienen ist nichts Böses. Aber wofür wird es ausgegeben, wofür thesauriert, wem warum und wie entzogen? Nur die politische Gestaltung der lokalen wie der globalen Interdependenz von ökonomischer, ökologischer und sozialer Nachhaltigkeit lässt der Welt Zukunft und den Globus atmen. Insbesondere die USA und Europa sind gefordert, hier Vorreiter zu werden.

V.

Ist unsere Zeit nun besonders gott-los? Immer gab es glaubensferne, glaubensarme und glaubensschlaffe Zeiten. Es gibt Zeiten gläubiger Verblendungen, Zeiten irrationaler Erregung und religiöser Fanatisierung bis zu jenen dämonischen Verführungen, wo man sich anschickte, im Namen des eigenen Guten (des eigenen Gottes) das Böse (den Teufel) in der Welt auszurotten.

Wir leben im *Herzen Europas* gegenwärtig in einer *glaubensleeren* Zeit – in einer Gesellschaft, die kein Leitbild hat, auf das sie sich gemeinsam ausrichten könnte. Einen Gesellschaftsentwurf einfach säkular und pluralistisch zu nennen, reicht auf Dauer nicht aus. Eine Gesellschaft, die kein gemeinsam geteiltes Leitbild hat, zerfällt. Sie verfällt dem Konsum, der Langeweile, diversen Götzen, einem beliebig ausfüllbaren Fundamentalismus oder dem Nihilismus. Wo alles *gleich gültig* ist, wird letztlich alles *gleichgültig*. Wo nichts wirklich »gilt«, gibt es keine ernsthaften, die Öffentlichkeit erreichenden Kontroversen – höchstens künstlich vom Zaun gebrochene, den Medienkonsum fördernde, aufgeregt inszenierte Streitigkeiten als Teil der Aufmerksamkeit heischenden Eventkultur.

Wo andererseits nur das gilt, was »von oben her« gelten *soll*, gibt es keine Freiheit. Eine Freiheit, die ihr *Wofür* verloren hat, verliert nicht nur Ziel und Substanz, sondern verliert sich selbst in Beliebigkeit.

Im Begriff der Autonomie steckt mehr als in einem Freiheitsverständnis, aus dem heraus man alles tun, lassen, denken zu können meint, was man will. Autonomie hingegen ist freiwilliges persönliches Befolgen derjenigen selbstbestimmten Regeln, die fürs Einzelne wie fürs Ganze gedeihlich sind.

Zur Anerkennung und zum zivilisierten Umgang zwischen miteinander konkurrierenden Religionen, Weltanschauungen und politischen Systeme gibt es keine vernünftige Alternative. (Nur Coca-Cola und McDonald's-Menüs sind überall gleich und können grenzenlos konsumiert werden.)

Zeiten allgemeiner Beliebigkeit und Leere werden erfahrungsgemäß zum Einfallstor für eine diffuse Religiosität bzw. für diverse alte Fundamentalismen. Aber daraus kann auch die *Kraft*, die *Inspiration* und der *Wille* zur Rückbesinnung, zu innerer Erneuerung alter Überlieferungen erwachsen. Wenn Benedikt XVI. eine »Ideologie des Relativismus« ausmacht und brandmarkt, so ist ihm schwerlich zu widersprechen. Nur kommt seine Zeitkritik aus einer konsequent katholischen Position mit ihrem unverrückbaren universalistischen Wahrheitsanspruch. *Extra ecclesiam nulla salus!*

Extra romana?

Unser größter deutscher Dichter und Denker, der zum verfassten Christentum wahrlich in gehörigem Abstand gelebt hat, schrieb:

»Wir wissen gar nicht, was wir Luther und der Reformation im Allgemeinen alles zu danken haben. Wir sind frei geworden von den Fesseln geistiger Borniertheit. Wir sind infolge unserer fortwachsenden Kultur fähig geworden, zur Quelle zurückzukehren und das Christentum in seiner Reinheit zu fassen. Wir haben wieder den Mut, mit festen Füßen auf Gottes Erde zu stehen und uns in unserer gottbegabten Menschennatur zu fühlen. Mag die geistige Kultur nur immer fortschreiten, mögen die Naturwissenschaften in immer breiterer Ausdehnung und Tiefe wachsen und der menschliche Geist sich erweitern, wie er will – über die Hoheit und sittliche Kultur des Christentums, wie es in den Evangelien schimmert und leuchtet, wird er nicht hinauskommen! Je tüchtiger aber wir Protestanten in edler Entwicklung voranschreiten, desto schneller werden die Katholiken folgen ... Auch werden wir alle nach und nach aus einem Christentum des Wortes und Glaubens immer mehr zu einem Christentum der Gesinnung und Tat kommen.« Goethe soll solche Voraussagen am 11. März 1832 getroffen haben, so man Eckermann vertrauen kann. (Ist denn nicht einem Eckermann eher zu glauben als den Akten des Systems, das dabei war, einen »Faust III« zu schreiben? Die Akten des Systems aus dem Wahrheitsministerium Mielke sollten ausgerechnet in unserem christlichen Kulturkreis mit seinem kritischen Umgang mit Quellen nicht als heiliger Gral behandelt werden.)

Natürlich ist auch das Christentum immer wieder in geistiger Borniertheit gefesselt gewesen. Es ist verunreinigt worden – von den Kreuzzügen über die Ketzerhysterie bis hin zu heutiger alltäglicher Intoleranz Andersgläubigen gegenüber. Wieder und wieder hat sich das Christentum von seinen human-radikalen Ursprüngen entfernt. Und es ist immer neu zu seinen *Quellen* zurückgekehrt. Es war Promotor der geistigen Kultur. Es konnte den Geist bekämpfen, konnte *reaktionäre* Kraft sein oder in Gestalt der Kirchen in einem förderlichen Sinne *traditionsbewahrend* – konservativ! – wirken.

Die sittliche, ja versittlichende Kultur des Christentums schimmert und leuchtet weiterhin aus den Evangelien. Diesen Rückbezug wird der christliche Glaube stets brauchen, und er wird immer »Protestanten« brauchen, die für das einstehen, was sie als einzelne mündige, verantwortungsbereite Bürger geprüft haben. *Wort* und *Glaube* bedürfen der *Gesinnung* und der *Tat*, so, wie Gesinnung und Tat das Wort und den Glauben brauchen.

Ein überzeugender Analytiker ist dieser alte Herr, jener »große Heide«, wie ihn Heinrich Heine titulierte. Dabei ist Goethe keineswegs kirchenhörig: »Es ist gar viel Dummes in den Satzungen der Kirche. Aber sie will herrschen, und da muss sie eine bornierte Masse haben, die sich duckt und die geneigt ist, sich beherrschen zu lassen. Die hohe, reich dotierte Geistlichkeit fürchtet nichts mehr als die Aufklärung der unteren Massen.«

Wir erleben es heute wieder – ohne jede Religion –, wie profitbesessene, keiner geistigen Idee verpflichtete Herrschaften mit der Bereitschaft der Menschen, sich selber massenhaft zu verblöden, einschaltquotenorientiert-gewinnträchtig operieren. Wie sonst lassen sich die hohen Einschaltziffern privater Fernsehanstalten oder die tägliche Auflage von BILD erklären als durch erfolgreiches Appellieren an unsere niederen Instinkte? Die in den Vereinigten Staaten bereits viel weiter vorangeschrittene Entpolitisierung und geistige Anspruchslosigkeit der Massen geht einher mit fundamentalistischer Verengung und Verirrung insbesondere im sogenannten »bible belt«. Obamas Wahl wurde ein wahrer Lichtblick.

Aufklärung bedarf selbstbewusster Individuen, die sich ihres eigenen Verstandes mutig bedienen, die Autonome sind, also selbstbestimmt denken, leben und sich selbst Normen setzen.

VI.

Was ist aus dem jahrhundertelang geltenden, den Jahresrhythmus prägenden Kirchenjahr praktisch geworden? Da feiert man nach Aschermittwoch – zumal man im Osten Deutschlands noch bis Ostern Fasching feiert – und wünscht einander bereits am Gründonnerstag »Frohe Ostern«! Längst beginnt weit vor dem Totensonntag die weihnachtliche Dekoration in der Hauptstadt Berlin oder in der Domstadt Magdeburg. Wer von denen, die das umsatzbesessen inszenieren, weiß überhaupt noch, was »Advent« bedeutet? Ernstlich gibt es heute schon Kinder, die glauben, am Heiligen Abend sei der Weihnachtsmann geboren. Diese *Entleerung* und *Distanz* ist nicht ohne das Versagen der das Christentum repräsentierenden Institutionen zu verstehen; intellektuell, moralisch, sozial.

So hoch die Impulse des Christlichen in seiner Assimilation mit dem Antiken und Jüdischen für die europäische politische, soziale und geistige Kultur zu bewerten sein mögen, so oft Reformbewegungen Erstarrungen und Fehlentwicklungen aufgebrochen haben, so sehr sind die Ursprünge verunreinigt worden. Was hat ein Generalgroßinquisitor, was ein vergoldeter Reliquienschrein, was ein Waffen segnender Pfarrer noch mit dem Jesus aus Nazareth zu tun, der unser ganzes Elend mit ans Kreuz nahm und mit seiner Liebe unter uns präsent bleibt?

Aus der Vielfalt der biblischen Überlieferungen lässt sich nur gewaltsam eine einzige Linie herausarbeiten oder mit Macht fest-stellen. Die historischen Ursprünge sind von verschiedenen Interpretationslinien überlagert worden.

Die Suche nach einem *historischen* Kern ist durchaus legitim, führt aber letztlich nicht zum Ziel, weil wir die Botschaft nur in Gestalt unterschiedlicher *Interpretamente* vor uns haben. Entscheidend ist nicht, was *war*, sondern das, was es *bedeutet*. Zugleich hört die Suche nach authentischen Ursprüngen, bis hin zu den mit einiger Sicherheit herauskristallisierbaren echten Worten des Jesus aus Nazareth, nicht auf.

Die Ursprünge liegen in einem verbindenden Geist, der sich letztlich auf die Aussage reduzieren lässt: »Jesus aus Nazareth ist der Christus, der von Gott gesandte Retter der Welt.« Aus dem Namen »Jesus Christus« ergibt sich alles Weitere. Und alles Weitere ist vielgestaltig. Wer seinen Glaubensgrund in einer historisierenden Vergewisserung sucht, wird enttäuscht. Das Bedürfnis, Glaubenszeugnisse historisch zu materialisieren und auf diese Weise deren Wahrheitsgehalt zu verdinglichen, reicht tief. Es verkennt aber das Wesen religiöser Symbole und mythischer Erzählungen. Die Versuchung der Kirche, den Bedürfnissen der Volksfrömmigkeit nachzukommen, führt einerseits zur Geburtsstätte Jesu in der Kirche zu Bethlehem, andererseits zum Rock von Trier. Das Papsttum billigt das alles bis heute – trotz Luther und Aufklärung. Es fördert solche Volksfrömmigkeit ausdrücklich, solange und sofern die Befriedigung archaisch-religiöser Bedürfnisse die katholische Kirche stützt. Sie hat auch bis heute nicht aufgehört, die Materialisierung des Glaubens mit zweifelhaften Reliquien fortzusetzen – bis hin zu den Gebeinen der Heiligen Drei Könige in Köln, die 1158 dorthin gelangt seien.

Was die Römische Kirche in der Zeit der Gegenreformation im 16. Jahrhundert mit dem Barock aufgeboten hatte, bietet sie im 21. Jahrhundert mittels geschickter medialer Selbstinszenierungen und Vermarktung vor der – mit Ablassgeldern erbauten – Peterskirche.

Zu den Quellen – *ad fontes*! – zurückzukehren heißt, sich auf die beiden Bücher des Ersten und des Zweiten Bundes zurückzubeziehen, wissend, dass die Wahrheit nicht darin *steht*, sondern darin *steckt*. Wir haben die Heiligen Schriften nicht mehr ohne diverse Auslegungskünste und lange Wirkungsgeschichte, mit Anregung und Anreicherung durch andere geistig-religiöse Traditionen.

Der jüdische Religionsphilosoph Martin Buber sprach zutreffend vom »dialogischen Prinzip«. Die Theologie behält ihr Profil, wo sie selbstkritische Theologie bleibt, die in Achtung vor den Heiligen Schriften eine kritische Bibelauslegung wagt, aus der heraus die prophetisch-ernüchternde wie die erfreulich-befreiende Botschaft für die Gegenwart überzeugend sagbar wird. Das Mysterium des Glaubens wird nicht in Frage gestellt; wo das Geheimnis des Glaubens sprachlich erfasst, liturgisch dargestellt und in der Gemeinschaft der Gläubigen empfunden wird. Ansonsten verflacht der Glaube. Konstitutiv bleibt, dass das Ewige ins Jetzt gekommen ist und der Ewige im Jetzt gegenwärtig bleibt. »Jesus Christus, gestern und heute und derselbe in Ewigkeit« (Hebräer 13,8).

VII.

Der Weg des Christentums von einer jüdischen Splittergruppe zur Weltbewegung war lang und steinig. Weltlicher Erfolg stellte sich nach grausamen Verfolgungen unerwartet ein; die eigentlich bald erwartete himmlische Wiederkehr des Herrn zum Weltgericht blieb aus. Die sogenannte Parusieverzögerung bedurfte existentieller Verarbeitung und theologischer Winkelzüge.

Die Christusbewegung ging von den zwölf Aposteln aus, die die zwölf jüdischen Stämme widerspiegeln sollten. Sie hatten sich um ihren Meister, Christus, den Gesalbten, versammelt. Sie verstanden sich nach dessen Kreuzigung, ihrer österlichen Wiederbegegnung und der Ausgießung des Heiligen Geistes als Herolde dieses Zimmermannssohnes aus Nazareth, in dem sie den lang erwarteten Kyrios – Messias – Menschensohn – zu erkennen geglaubt hatten.

Sie nahmen dafür alle Lebensrisiken auf sich, unverdrossen auf Christi alsbaldige Wiederkunft in Herrlichkeit wartend. Sie handelten aufgrund des sogenannten Missionsbefehls (Matthäus 28,16 ff.): »Gehet hin und machet zu Jüngern alle Völker.« Die christliche Kernbotschaft ist: Gott, der Unfassbare, der Unsagbare, der Unerreichbare, hat sich in einem von ihm gesandten Menschen auf die Menschheit eingelassen. Der Gekommene wird der Kommende sein. Alle, die ihm nachfolgen, sollen von ihm vor aller Welt Zeugnis ablegen. Neben der Begeisterung, die durch die Tiefen des Karfreitags hindurchgegangen war und die im Pfingstereignis symbolisiert wird, wirkte jener Missionsauftrag und wirkt bis heute.

Von Anfang an erschütterte die Christengemeinden der Konflikt zwischen den Judenchristen und den Heidenchristen – also zwischen den Petrusanhängern, die sich im wesentlichen weiterhin als Juden verstanden, und dem rabbinischen Zeltmacher Paulus (einst ein berüchtigter Eiferer gegen die Christengemeinden!), der das Christentum in die europäische Welt hinaustrug, sich vom Judentum löste, ohne freilich dessen Wurzeln abzuschneiden. Das Urbekenntnis der Christen wurde mitten in der Verfolgung formuliert. Ihr Erkennungs-Zeichen in den römischen Katakomben war ein Fisch, griechisch ICHTHYS. Die einzelnen Erstbuchstaben bedeuten: Jesus Christus. Sohn Gottes. Retter.

Was zunächst Glaube einzelner und kleiner Gruppen gewesen war, wuchs trotz schlimmster Verfolgungen unter Nero, Domitian und Diocletian zu einer größeren, das Römische Reich durchsetzenden Bewegung an. Zu einer Weltbewegung wurde das, was man seitdem Christentum nennt, nachdem Kaiser Konstantin der Große sich entschloss, diese Bewegung nicht mehr zu verfolgen, sondern sie sich zunutze zu machen. (312 n. Chr. sei ihm am Himmel Christus erschienen und er habe eine Stimme gehört: »In diesem Zeichen wirst du siegen.« Das Zeichen war das Zeichen des Kreuzes gewesen.) So kam es zur fürsorglichen Umarmung der christlichen Kirchen durch die Staatsmacht.

Das Christentum entwickelte sich mehr und mehr zu einer abendländischen Assimilationsreligion – bei gleichzeitig heftigem Streit um einen beinahe zwangsläufigen Synkretismus infolge der Eingliederung anderer religiöser Traditionen.

Besonders die griechische Bildung der Kirchenväter trug zu einem erbitterten Streit um Worte bei. Stets drohte Schisma, die Spaltung, und sei es nur über einem bedeutungsschweren »Und«. Es wurden Elemente aus der jüdischen, der griechischen, der römischen und aus der frühchristlichen Kultur aufgenommen und mit allerlei heidnisch-lokalen Volksbräuchen vermischt (Mariä Lichtmess z.B. ging aus einem alten Laternenfest hervor). Das machte das Christentum populär, machte es zu einem »Volks-Christentum«, zur Volkskirche.

Prägend (und ständige Konflikte heraufbeschwörend) blieb der Monotheismus samt dem zwischen Ost- und Westrom aufkommenden Streit, wie sich Gott-Vater zum Sohn und diese beiden zum Heiligen Geist verhalten; und wie verhält sich die Menschlichkeit Jesu zu seiner Göttlichkeit? Ist es denkbar, dass es den Einen in drei Erscheinungsformen, in drei Personen gibt? (Augustin machte die *Vestigia trinitatis*, Spuren der Trinität in der ganzen Schöpfung aus: Vergangenheit – Gegenwart – Zukunft. Höhe – Tiefe – Breite. Vater – Mutter – Kind.)

Die Trennung in Ostrom und Westrom, also Byzanz/

Konstantinopel und Rom, war schon tief, ehe es zum endgültigen Schisma (1054) und später zu einer Quasi-Enthauptung des griechisch-orthodoxen Zentrums mit der Eroberung Konstantinopels durch die Türken im Jahr 1453 kam. Die Westkirche nahm jenen Einschnitt samt enormem Machtzuwachs des Islam relativ ungerührt hin.

Die Christianisierung der germanischen und slawischen Gebiete gestaltete sich weithin als gewaltsame Eroberung mit Zwangstaufe. Die beeindruckende Kultivierung schloss eine schreckliche Brutalisierung ein: Orden zogen mit Kreuz und Schwert gen Osten. Weltliche und geistliche Macht verfolgten eine gemeinsame Strategie: Das Christentum sollte Herrschaftsreligion werden. Dies war nur möglich durch die Assimilation der heidnischen Elemente, die bis heute in äußeren Rudimenten erkennbar sind und inzwischen unlösbar mit dem Christlichen verbunden zu sein scheinen: die Metamorphosen des Kreuzsymbols, die Fruchtbarkeitssymbole Hase und Ei zu Ostern, der Pfingstochse und der Maibaum zu Pfingsten, der lichterbestückte Weihnachtsbaum in der längsten Nacht des Jahres am 24. Dezember, die Verquickung von Naturfesten und christlichen Festen z.B. beim Johannistag, dem Sonnenwendtag. Heidnische Mythen wurden bekämpft *und* getauft. Das alles ist christentumsgeprägtes Umfeld, selbst wenn es im 21. Jahrhundert vielerorts seine Substanz und allgemeine Akzeptanz eingebüßt hat.

VIII.

Was man im Christentum für *wesentlich* hält und was letztlich *kulturprägend* wurde, bleibt strittig und hängt von jeweiliger konfessioneller Orientierung ab, die sich in zwanzig christlichen Jahrhunderten herausgebildet hat.

Zehn Gesichtspunkte seien herausgehoben:

1. Wenn *Gott Mensch* wurde, bekommt der Mensch etwas Göttliches. Gott, der Unnennbare und nicht Darstellbare, begibt sich in die Niedrigkeit des Menschseins und erhöht damit den Menschen. Der große Gott erscheint in der armseligsten Gestalt. Im sogenannten Gottesknechtslied in Jesaja 53 wird er »der für uns Geschlagene«. Nach Lukas 2 wird der Friedensbringer – als Antipode des Augustus – in einer Futterkrippe geboren.

2. *Menschsein* heißt immer *Mitmensch* sein. Mitmensch zu sein schließt das Sich-Bewusst-Werden jedes Subjekts in seiner Einmaligkeit ein. Den »Nächsten zu lieben wie sich selbst« setzt voraus, dass es ein Selbst gibt, das selber gut weiß, welche Lebensbedürfnisse es hat. Diese natürlichen, glücklich machenden Lebensbedürfnisse sollen Menschen einander in einem wechselseitigen Prozess zukommen lassen. Moral ist in diesem Sinne gegenseitiges Glücksversprechen.

3. Daraus folgt unmittelbar eine – von Nietzsche aufs Schärfste bekämpfte – *Mitleidskultur.* Sie hat ihre tiefen Wurzeln in der Passionsfrömmigkeit und in einer von daher entwickelten Leidensmystik, die auf die Leiden der Welt insgesamt bezogen bleibt. Die Kirche spricht von »Werken der Barmherzigkeit« – für Nahe und für Ferne.

4. Der aus dem Paradies vertriebene Mensch muss lernen, mit seinen Widersprüchen zu leben. Seine Gerechtigkeit als vorweisbare Leistung bis hin zur Vollkommenheit *kann* er sich nicht und *braucht* er sich nicht zu erarbeiten; er ist ein *Gerechtgesprochener* und als solcher einer, der handelnd schuldig wird, aber aus Gnade erneut den Mut zum Handeln gewinnt. Der Mensch hat einen inneren Gerichtshof in sich, der ihm bedeuten kann, was gut und was böse ist. Der Mensch hat sich vor seinen Mitmenschen und vor seinem Schöpfer zu verantworten. Es liegt nicht alles *in*

ihm und nicht alles *an* ihn. Die Bibel gibt lebensnahe Orientierungen für ein Gott-entsprechendes, mit-menschliches, also humanisierendes Verhalten.

5. Der Gedanke der Gottesebenbildlichkeit des Menschen führte auf einem langen, schwierigen, auch blutigen Weg zu dem, was seit der Renaissance die »Würde des Menschen« genannt wird – bis hin zu den »Allgemeinen Menschenrechten« mit Anerkenntnis der voraussetzungslosen Würde *jedes* Menschen (Artikel 1 des Grundgesetzes). Adolf von Harnack hatte anknüpfend an Daniel Friedrich Schleiermacher vom »unendlichen Wert der Einzelseele« gesprochen.

6. Das Christentum ist geprägt von einem spannungsreichen *Zugleich* von *Jenseitshoffnung* und *Diesseitsverantwortung*. Was ist, ist nicht alles, und »es ist noch nicht erschienen, was wir sein werden« (1. Johannesbrief 3, 2). Die Welt hat nicht nur ein Ende (*finis*), sie hat ein Ziel (*telos*). Wie sich Jenseitshoffnung und Diesseitsverantwortlichkeit zueinander verhalten, blieb und bleibt letztlich unauflösbar. »Das Jenseits ist die Kraft des Diesseits«, resümierte der liberale Theologe Ernst Troeltsch.

7. In der Mitte der christlichen Botschaft steht die *Reich-Gottes-Erwartung*, die in vielen Gleichnissen umschrieben wird: einerseits wird ein kosmisches Panorama entworfen (wie es die Weltgerichtszenen über den Eingangstüren gotischer Kathedralen symbolisieren) und andererseits wird das Reich Gottes durch ein Gleichnis wie dem vom »kleinen Senfkorn« in einer alltäglichen ermutigenden Erfahrung ins Bild gebracht. Die jesuanische Reich-Gottes-Vorstellung widerspricht zwar jeder Theokratie, musste jedoch auch zur Legitimation von Theokratien herhalten, sobald die Trennung von geistlicher und weltlicher Macht aufgehoben war.

8. Geradezu konstitutiv für das Christentum wurde, dass es *Selbstkritik* und *Selbstreflexion* einschließt und es

wagt, die Differenz zwischen Ideal und Wirklichkeit anzuerkennen, statt sie wegzuretuschieren, weil zugesprochene Gnade von überangestrengter Selbstüberhöhung bewahren kann. Selbstreflexion (Schuldanerkenntnis, Demut, Buße) kann als Bollwerk gegen Fundamentalismus gelten, auch gegen Gläubigkeit, die frei von Selbstzweifel ist, Selbstrelativierung nicht kennt und sich selbst alles Wahre und Gute zuschreibt, den anderen hingegen allen Irrtum und alles Böse.

9. Der Apostel Paulus schärfte ein: »Prüfet alles, das Gute behaltet.« (1. Thessalonicherbrief 5, 21) Das erfordert den mündigen Christen und ermächtigt ihn, in der Welt christlich zu leben – in Anknüpfung und Widerspruch zum Denken anderer.

10. »Verändert euch durch die Erneuerung eures Denkens, auf dass ihr prüfen möget, welches da sei das Gute, Wohlgefällige, Vollkommene.« (Römerbrief 12, 2) Selbstveränderung wird zum christlichen Kontinuum, wo der Christ sich nicht dem jeweiligen Zeitgeist anpasst oder ausliefert, sondern den Geist der Zeit im Geist Jesu Christi kritisch prüfend mitzubestimmen unternimmt.

Von Anfang an ist in der Christenheit versucht worden, summarisch zu sagen, worin christlicher Glaube besteht, welches die *Kernaussagen* sind, die diese Welt-Gemeinschaft miteinander verbindet. Deshalb wurde ein Credo formuliert, das freilich nicht die Vielfalt biblischer Zeugnisse umfassen kann und das suggeriert, Glaube sei ein Fürwahr-Halten rational nicht ganz einleuchtender Tatsachen.

Von Anfang an stellte sich die Frage, wie sich die einzelnen Christen in weltweiter Gemeinschaft institutionalisieren, wie der Glaube sich in einer verfassten Religion – in einer Kirche – präsentiert. Kirche ist zunächst als Ekklesia zu verstehen, als »Schar der Zusammengerufenen«, die nach einem alle verbindenden Zentrum verlangt, wenn sie

Weltkirche sein will. Das kann konziliar *oder* episkopal organisiert werden.

Daraus erwuchs die Idee der *Una Sancta*, der Einen Kirche, die real in großer Vielfalt christlicher Kirchen lebt. Die katholische Kirche hat in ihrem II. Vatikanischen Konzil diese Grundidee anerkannt. Heute aber mehren sich die Zeichen, dass der Bischof von Rom diese unaufhebbare Differenz verwischen und verunklaren möchte. Er erhebt den Anspruch, dass die römisch-katholische Lesart des Christentums die *Una Sancta* repräsentieren würde. Da ist es nur konsequent, wenn das Papst-Amt als Stellvertretungsamt Christi besonders hervorgehoben bleibt, der Papst letztlich darüber befindet, was als wahrer Glaube und was als Irrlehre gilt.

Evangelische Kirchen haben sich für den konziliaren Weg entschieden, Vielfalt und Vielstimmigkeit akzeptierend, Zersplitterung riskierend. Und doch verzichten die meisten auch nicht auf ein Oberhirten-Bischofsamt. Der Bischof bleibt indes ein *Primus inter pares*, weil er eben keine »höhere Weihe« besitzt. Wahrheit und Einheit bleiben stets in einem Spannungsverhältnis. Die wahre Kirche verbirgt sich als unsichtbare in der sichtbaren. Das gilt es von Augustin aus zu beherzigen.

IX.

Die Rückführung auf einen Gott, den Einzigen, setzt bereits im alten Israel ein, wiewohl der Weg dorthin zeigt, wie viele unterschiedliche Traditionen darin assimiliert wurden.

»Ich bin der HERR, dein Gott, der dich aus Ägyptenland geführt hat, aus der Knechtschaft. Du sollst keine anderen Götter haben neben mir. Du sollst dir kein Bildnis machen in irgendeiner Gestalt …« (Deuteronomium 5, 6)

Dies ist konstitutiv: Dieser Gott ist *der* Gott, der aus der Knechtschaft geführt hat. ER ist dieser EINE, in dem die drei Vätertraditionen von Abraham, Isaak und Jakob zusammengeführt werden. Dieser JHWH, der Unaussprechbare, tut sich kund in verschiedenen Überlieferungen. ER erhebt vor Mose am Dornbusch seine Stimme und bringt das Vielfältige auf das EINE. Diese Gottheit ist der Gott Abrahams, Isaaks und Jakobs; obwohl diese drei Väter historisch aus unterschiedlichen religiösen Traditionen kommen, werden sie nun im JHWH-Glauben vereint. Eine erste »versöhnte Verschiedenheit«?

Hier geht es um die Wiedererkennbarkeit des *einen* Gottes, mit dem einzelne Menschen ihre Erfahrungen – also ihre je anders geformten Begegnungen, überliefert in Geschichten und religiösen Legenden – gemacht haben.

Man denke an die Jakobsleiter, an die Opferung Isaaks, an die drei geheimnisvollen Gäste bei Abraham, an die Fürsprache Abrahams für Sodom und Gomorrha.

Das vielleicht älteste Glaubenszeugnis aus dem Neuen Testament findet sich im Brief des Paulus an die Philipper, das das Urzeugnis der christlichen Gemeinde in Liedform auslegt. Das Urzeugnis lautet schlicht: »Jesus ist Christus.« Der Mann aus Nazareth ist der erwartete Messias, der Erretter, der Befreier. Paulus greift auf ein ihm überliefertes Glaubenszeugnis zurück. Solche Gottesvorstellung ist den bilderlosen Juden wie den vergeistigten Griechen fremd – den einen ein Skandal, den anderen eine Torheit:

»Er, der in göttlicher Gestalt war, hielt es nicht für einen Raub, Gott gleich zu sein, sondern entäußerte sich selbst und nahm Knechtsgestalt an, ward den Menschen gleich und der Erscheinung nach als ein Mensch erkannt. Er erniedrigte sich selbst und ward gehorsam bis zum Tode, ja zum Tode am Kreuz.« (Philipper 2, 6–11)

Das ist *das* christliche Urbekenntnis schlechthin: Der unfassbare Gott macht sich fassbar in einem Menschen, der sich für uns Menschen dahingibt.

Je weiter sich die christlichen Gemeinden in Vorderasien, in Griechenland und sodann in Italien ausbreiteten, desto größer wurde der Druck, das Gemeinsame zu formulieren und dies zugleich in jeweilige kulturelle Kontexte einzupassen.

Wie unglaublich schwierig das von Anfang an war, lässt sich am Streit zwischen Petrus und Paulus nachvollziehen: Petrus, der am Judentum festhält, und Paulus, der meint, man müsse nicht erst Jude werden, um Christ werden zu können. Petrus und Paulus gehen im sogenannten Apostelkonzil (Apostelgeschichte 15) scheinbar friedlich auseinander. In der Sache ist nichts geklärt. Aber sie wenden sich fortan an unterschiedliche Adressaten. Der eine an die »Judenchristen«, der andere an die sogenannten »Heidenchristen«.

Das, was man später als erstes christliches Glaubensbekenntnis (seit Mitte des zweiten nachchristlichen Jahrhunderts) bezeichnet und was die westliche Christenheit bei allen Unterschieden bis heute vereint und als ihr gemeinsames Taufbekenntnis gilt, ist das sogenannte *Apostolikum.* Dieses Credo hat ein grundlegendes Missverständnis genährt, als wenn Glaube darin bestünde, *an* etwas zu glauben, Glauben aus der Subjektivität einer Beziehung herauslösend. Man glaubt *an* Gott den Schöpfer und *an* Jesus Christus und *an* den Heiligen Geist. Man glaubt nicht *dem* Gott, man vertraut nicht *dem* Christus und man speist seine Zuversicht nicht aus der Kraft des Heiligen Geistes, also aus dem »Tröster« und »Beistand« – wie der Evangelist Johannes den Heiligen Geist nennt –, sondern man glaubt *an* den Heiligen Geist als einen Gott *in* Gott. Aus diesem ersten Dogma werden später viele Bekenntnisse – bis hin zu jahrhundertelang währenden Streitfragen, in welchem Verhältnis die Göttlichkeit und Menschlichkeit Jesu zueinander stehen, wie Trinität mit Monotheismus vereinbar ist, ob Jesus Christus von Beginn der Welt an schon bei Gott war.

Auch andere Grundfragen bleiben virulent: Heißt Christsein eher Nachfolge, also Leben *wie* Christus oder heißt es eher Glauben *an* Christus? Wie verhält sich Orthodoxie (= richtiger Glaube, richtiges Gotteslob) zur Orthopraxie (also richtiges, Jesus entsprechendes Verhalten)?

Ist *Glaube* auf *Moral* reduzierbar, bis Moral ohne Glauben denkbar wird oder Moral über dem Glauben zu stehen kommt? Es kann keinen Glauben ohne eine ihm entsprechende Lebenshaltung geben, so sehr Glauben weit mehr – und anderes! – als eine bestimmte Moral meint. Gott ist nicht identisch mit dem Guten; aber er zeigt sich im Guten und kann mit »dem höchsten Gut« umschrieben werden, »daran man sein Herz hänget« und daraus fließt dann »alles Gute«, wie Martin Luther einschärfte. Glaube ohne Moral zelebriert nur die Mysterien und verleugnet seine humanisierende Intention. Moral ohne Glaube würde nicht nur leer und kraftlos, sondern würde in Selbstüberforderung und eine »Diktatur des Guten« münden. Martin Luther spricht von der »Freiheit eines Christenmenschen«, der sich als ein von Gott Befreiter an seine Mitmenschen in Liebe gebunden weiß. Freiheit und Verantwortung bleiben aufeinander angewiesen.

In allen nachchristlichen Jahrhunderten hat es Versuche gegeben, das, was christlichen Glauben im Kern ausmacht, zu komprimieren, in kürzer gefassten Texten wiederzugeben. Dazu zählen die lutherischen Katechismen, der Heidelberger wie der Katholische Katechismus – bis hin zum umfänglichen Holländischen Katechismus (1966).

Letzterer war in den 60er Jahren aus dem Geist des II. Vatikanums erwachsen und hatte sich den Fragen der Moderne gestellt. Zur Jahrhundertwende um 1900 war bereits Adolf Harnacks »Wesen des Christentums« zu einem protestantisch-liberalen Bestseller avanciert.

Der Konzilstheologe (damals noch zusammen mit Josef Ratzinger) Hans Küng öffnete die katholische Glaubenslehre mit seinem Erfolgsbuch »Christ sein« (1974), in dem er die konfessionelle Verengung zu überwinden versuchte und das gemeinsame Christliche herausarbeitete. Auf evangelischer Seite hatte Heinz Zahrnt »Wozu ist das Christentum gut?« (1972) und Jörg Zink seine »Erfahrung mit Gott« (1974) allgemeinverständlich publiziert. Alle diese Publikationen stießen damals auf große Resonanz.

Glaube drückt sich am authentischsten und für andere am überzeugendsten in persönlichen Bekenntnissen aus, wo christlicher *Glaube*, ethische *Orientierung* und politisches *Handeln* zusammenstimmen.

Ein bis heute gültiges, wegen seiner biographischen Authentizität viele Menschen erreichendes Credo findet sich in Dietrich Bonhoeffers Text »Einige Glaubenssätze über das Walten Gottes in der Geschichte«, formuliert von einem Zeugen, der wegen der Beteiligung an der Verschwörung gegen Hitler in Tegel einsaß und zur Jahreswende 1942/1943 reflektiert hatte, was in jenen zehn Jahren von 1933 bis 1943 in Deutschland geschehen war und wie sehr dies das christliche Glaubenszeugnis tangiert:

»Wir sind stumme Zeugen böser Taten gewesen«, resümiert er und fährt dann fort:

»Ich glaube, dass Gott aus allem, auch aus dem Bösesten, Gutes entstehen lassen kann und will. Dazu braucht er Menschen, die sich alle Dinge zum Besten dienen lassen. Ich glaube, dass Gott uns in jeder Notlage so viel Widerstandskraft geben will, wie wir brauchen. Aber er gibt sie uns nicht im Voraus, damit wir uns nicht auf uns selbst, sondern allein auf ihn verlassen.«

Was Christentum praktisch ausmacht, findet sich beinahe unübertroffen in der visionären Rede Martin Luther Kings vor dem Kapitol in Washington 1963: »I have a dream« – einem so bildhaften wie politisch konkreten Hoffnungstraum von der Brüderlichkeit aller Menschen.

Abschiedsbriefe der Verschwörer vom 20. Juli 1944 an ihre Frauen verdeutlichen auf berührende Weise, welcher Glaube sie in ihrem riskanten politischen Engagement getragen hat.

Ernesto Cardenals »Gespräche mit den Bauern von Solentiname« (1980) wie dessen Gedichte oder Psalmenübertragungen (deutsch: »Zerschneide den Stacheldraht« 1967) sowie die vielen theopoetischen Texte von Dorothee Sölle geben den Zeitgenossen etwas von dem weiter, was überzeugen und motivieren kann.

Dorothee Sölle bekannte 1969: »Ich glaube, wie sie das nennen, nicht an Gott. Aber ihm, verstehst du, kann ich es schlecht abschlagen. Ihm, sieh ihn doch an im Garten, wenn ihm alle davon sind, die Freunde, ihm, dem die Angst vom Gesicht läuft…« Glauben heißt im christlichen Sinne nicht das Für-wahr-Halten schwerlich beweisbarer oder gar der Vernunft widersprechender Tatsachen, die man im Zweifelsfall auch gegen seinen Verstand glauben müsste. Glaube ist zuallererst Gottvertrauen: tiefe Zuversicht, innere Verankerung, persönliche Verwurzelung unter offenem Himmel. Ein Christ glaubt somit nicht *an* Gott, sondern glaubt *ihm*. Das kann nicht konsequenzenlos bleiben.

X.

Wir leben auf einem von Geschichte durchtränkten Boden, durchtränkt vom befreienden Geist *und* durchtränkt von Zwang und Blut, von großartigster Kultur *und* schrecklichster Verirrung.

Das Christentum ist und bleibt der prägende und tragende Hintergrund unseres Kulturkreises. Auch hier gilt: Zukunft braucht Herkunft. Und Christentum hat viele geistige Strömungen assimiliert.

Die Frage ist, inwieweit es Christen gelingt, diesen historischen und geistigen Background geistlich und intellektuell produktiv zu machen. Dazu gehört eine kritische Aneignung der Geschichte, niemals bloße Affirmation eines angeblich prinzipiell Geltenden.

Wir brauchen Überlieferung: die Übernahme, Annahme, Weiterentwicklung und Kritik unserer abendländischen Traditionen. Und wir brauchen die im einzelnen Menschen begründete, aus jedem selbst kommende Zustimmung, jene Entdeckung des »Wärmestroms der Geschichte« *in* uns – bis Inneres zeitgemäß seine äußere Gestalt findet. Nur so ist zu verhindern, dass christlicher Glaube oktroyiert wird, dass er falsch oder hohl wird.

Wo sich der Kommerz des Christlichen bemächtigt oder sich gar Unternehmensberatern unterwirft, kommt Glaube ans Ende. Wo die Kirche selbst um Geld, Geltung und Macht buhlt und sich dabei den Gesetzen eines globalisierten Neoliberalismus anpasst oder gar unterwirft, verfehlt sie ihre Aufgabe – sofern sie die prophetische und die jesuanische Überlieferung weiterhin als zentral bewertet. Gemeinsamer Widerstand gegen alle alten und neuen Fundamentalismen durch ein humanisierendes Ethos des Suchens ist angesagt – immer im Wissen, dass die »reine Wahrheit« doch nur Gott allein hat und ist.

Ganz im Sinne Lessings gilt es, auf der Suche zu bleiben. In seiner Auseinandersetzung mit dem Hamburger Hauptpastor Goeze hatte er geschrieben:

»Nicht die Wahrheit, in deren Besitz irgendein Mensch ist oder zu sein vermeint, sondern die aufrichtige Mühe, die er angewandt hat, hinter die Wahrheit zu kommen, macht den Wert des Menschen, denn nicht durch den Besitz, sondern durch die Nachforschung der Wahrheit erweitern sich seine Kräfte, worin allein seine immer wachsende Vollkommenheit besteht. Der Besitz macht ruhig, träge, stolz.

Wenn Gott in seiner Rechten alle Wahrheit und in seiner Linken den einzigen, immer regen Trieb nach Wahrheit, obschon mit dem Zusatze, mich immer und ewig zu irren, verschlossen hielte und spräche zu mir: ›Wähle!‹ Ich fiele ihm mit Demut in seine Linke und sagte: ›Vater, gib, die reine Wahrheit ist ja doch nur für dich allein!‹«

»Christliche Leitkultur« hat Gestalt gefunden: in Michelangelo und Riemenschneider, in Bachschen Motetten und in Brahms' Requiem, im Magdeburger Dom und im Naumburger Lettner, in Augustin, Luther und Lessing, in Goethe, Schiller und Herder, in Franz Werfel und Kurt Marti, Frère Roger Schutz und Johannes XXIII., in Luise Rinser und Arvo Pärt.

Schließlich sei nochmals an Goethe erinnert. Er hatte in seinem Anhang zum West-östlichen Divan über die Schwierigkeiten des Mose reflektiert, der das Volk durch die Wüste geführt hatte. Goethe kommt zu folgendem Schluss:

»Das eigentliche, einzige und tiefste Thema der Welt- und Menschengeschichte, dem alle übrigen untergeordnet sind, bleibt der Konflikt des Unglaubens und Glaubens. Alle Epochen, in welchen der Glaube herrscht, unter welcher Gestalt er auch wolle, sind glänzend, sind herzerhebend und fruchtbar für Mitwelt und Nachwelt. Alle Epochen dagegen, in welchen der Unglaube, in welcher Form es sei, einen kümmerlichen Sieg behauptet (und wenn sie auch einen Augenblick mit einem Scheinglanze prahlen sollten), verschwinden vor der Nachwelt, weil sich niemand gern mit der Erkenntnis des Unfruchtbaren abquälen mag.«

Mit wie viel Unfruchtbarem quälen wir uns heutzutage ab! Praktisch globalisierter Materialismus als Marktismus wird bei seinem Siegeszug auf das Ende einer humanen Weltgemeinschaft zusteuern, sofern es der Völkergemeinschaft – in Gestalt ihrer einzelnen Subjekte *und* ihrer freien Assoziationen auf nationaler und internationaler Ebene – nicht mehr gelingen sollte, eine geistige Verwurzelung wiederzufinden, aus der eine andere zivilisatorische, ein sozial und kulturell nachhaltig verantwortbare politische und ökonomische Weltgestaltung erwächst.

Wer Christ ist, betreibt keine Ersatzpolitik, sondern stellt zentrale existentielle Menschheitsfragen nach dem Woher, dem Wozu und Wohin des Menschseins, deren Beantwortung nicht ohne praktische Folgen bleiben kann – für die Menschenrechte, für den Frieden, für die Gerechtigkeit, für die Bewahrung der Schöpfung.

Kein Quietismus, kein Aktionismus, sondern eine in Gottvertrauen verwurzelte Lebens- und Handlungsweise kann erweisen, wie Glaube auch über Klippen der Vergeblichkeit trägt. »Glaube ist eine gewisse Zuversicht des, das man hofft, und ein Nichtzweifeln an dem, das man nicht sieht.« (Hebräer 11, 1)

In Bezug auf kirchliche wie staatliche institutionelle Anmaßungen ist festzuhalten: Kulturleitend und maßstabsetzend ist das Christentum nur insoweit, wie Menschen sich als einzelne, freie, mündige Subjekte Christus anvertrauen, sich zu ihm bekennen und in seinem Geist mit anderen zusammenleben. Trotz allem.

Wesentliches festhalten

I.

»Von der Freiheit eines Christenmenschen« war Luthers berühmte Reformschrift von 1520 überschrieben. Freiheit ist nicht zu verwechseln mit Willkür oder Beliebigkeit. Freiheit im und aus Glauben führt zu Eigenverantwortung im Dienst am Nächsten.

Wer die Freiheit nicht selbstverantwortlich auszufüllen versteht, noch ausfüllen will, für einen, dem das Evangelium »nur sanft und weich ist«, dem wünscht Luther die alte geistliche und weltliche Tyrannei des Papstes wieder an den Hals.

Manche brauchen offenbar den Zwang; sonst laufen sie aus dem Ruder. »Solche Säue«, poltert er, haben das Evangelium überhaupt nicht verdient. Der Pöbel, »der dem Evangelium nicht gehorchen will, verdiene nichts anderes als einen solchen Stockmeister, der Gottes Teufel und Henker sei.« Drastisch nennt er sie »Säue«, also animalische Wesen schlechthin. Wer das Evangelium als freimachendes, stärkendes, angst-entbindendes Angebot mit fröhlichem Gewissen nicht annehmen, noch danach leben und tun will, »was ein Christ tun soll, der soll sein auch nicht genießen.«

Somit sollen Christen nicht auf die *Beichte* verzichten: die Beichte, die sie täglich im Vaterunser aussprechen, jenes Bekenntnis des ständigen Zurückbleibens hinter dem Anspruch, den Gott an uns stellt und dem wir uns persönlich stellen. Hinzu kommt die Beichte, die man einem Einzelnen gegenüber ablegt und Entbindung, Lossprechung und Neuanfang erfährt. Wer zum Beichten geht, braucht nicht zu kommen und zu sagen, wie fromm oder böse er ist. Luther argumentiert aus der Perspektive Gottes und schreibt: »Bist Du ein Christ, so weiß ich es ohnehin gut. Bist Du keiner, so weiß ich es noch viel mehr. Aber darum ist's zu tun, dass Du Deine Not klagest und Dir helfen und ein fröhlich Herz und Gewissen machen lassest.« Das heißt nicht, dass der Mensch sich prinzipiell defizitär erfahren soll und sich selber erniedrigen müsse. Er soll nicht auf seinen eigenen Unflat starren und sich darin spiegeln. Ein Mensch aber, der sich elend und arm erfährt, der »gehe hin und gebrauche der heilsamen Arznei. Bildet er sich indes hochmütig ein, bei ihm sei alles in Ordnung, so ist er kein Christ«. Die Beichte ermöglicht es dem Menschen, ehrlich zu sich zu sein, sich in großem Vertrauen an Gott zu wenden und um Vergebung zu *bitten*, um Vergebung *zugesprochen* zu bekommen und fortan mit einem *fröhlichen Herzen* zu leben.

Nicht das Büßerhemd, sondern das Freudenkleid sei eines Christen Gewand.

Dem inneren und äußeren Verfall des Denkens und der Sitten will Luther entgegenwirken, indem er die drei wichtigsten Stücke des Glaubens, nämlich Vaterunser, Glaubensbekenntnis und Zehn Gebote – dazu die Sakramente – allgemeinverständlich auszulegen und einzuschärfen sich anschickt. Elementares Wissen fehle. Es ist wie heute! Wer weiß in unserem sogenannten christlichen Kulturkreis noch, was zu Pfingsten gefeiert wird, wie das achte Gebot lautet oder was in der Ikonographie die Taube bedeutet, was mit dem »Neuen Testament« gemeint oder was gar unter dem Wort »Gott« zu verstehen sei. Eine einfache Antwort ist nie eine ganze Antwort; aber es ist wenigstens eine Antwort, statt Schulterhochziehen und Gestammel. Luther hat in seinen beiden Katechismen einfache, aber nicht vereinfachende Antworten gewagt. Im Kleinen Katechismus hat er Frage-Antwort-Spiele zum Auswendiglernen empfohlen.

Schon vor seiner Zeit gab es geradezu eine erschütternde Unkenntnis über alles, was einen Christen ausmacht oder über das, was Christentum im Kern bedeutet. Der Reformator »beißt« sich nicht auf die Zunge; denn er hat dem Volk nie nur aufs Maul geschaut, sondern bisweilen kräftig auch drauf gehauen. »Obwohl man niemanden zum Glauben zwingen kann noch soll, so soll man doch den Haufen dazu anhalten und antreiben, zu wissen, was bei denen, bei denen sie wohnen, sich nähren und leben wollen, Recht und Unrecht ist. Denn wer in einer Stadt wohnen will, der soll das Stadtrecht wissen und halten, in dessen Genuss er kommen will, gleichgültig, ob er glaube oder in seinem Herz ein Schalk oder Bösewicht sei.«

Solch ein Satz hört sich an wie ein Beitrag zur Integration der Zuwanderer sowie zur nötigen »Selbstintegration« derer, die von Geburt und Abkunft zu Deutschland gehören. Wie sieht es mit dem Basiswissen über das Grundgesetz aus? Wie viele Leute könnten Artikel 1 des GG – die Grundlegung unseres demokratischen, freiheitlichen, sozialstaatlichen, auf Menschenrechten beruhenden Gemeinwesen hersagen oder wenigstens dem Inhalte nach benennen? Luther setzt auf das Auswendiglernen als ein Verinnerlichen wesentlicher Grund-Sätze und als allmähliches Verstehen durch den täglichen Umgang mit Erkenntnissen des Glaubens. Täglich soll der Mensch die drei Hauptstücke *lesen*, darüber *nachdenken* und sie durch Hersagen *einüben*, damit immer wieder *umgehen* und sie *überdenken*, wodurch der Heilige Geist »immer neu und immer mehr Licht gibt«, so dass es »immer besser schmeckt und eingeht«.

Er versteht sich selbst als jemand, der dies täglich brauche und immer wieder neu in die »Kinderlehre« geht (nichts anderes bedeutet »Katechismus«). Zu welchem Nutzen? Um böse Gedanken damit zu verjagen und zu spüren, wie das Wort Gottes eine Kraft ist, »die dem Teufel das gebrannte Leid (also Folterqualen) antut und uns über die Maßen stärkt, tröstet und hilft.« Da der Teufel ein gerissener Bursche ist und in vielen Verstellungen, Verpuppungen, Versuchungen als ein »Tausendkünstler« dem Menschen so nachstellt, dass dieser nicht spürt, mit wem er es zu tun hat, so muss der Christ seinem Gott als »Hunderttausendkünstler« vertrauen, der den »Tausendkünstler« Teufel mit all seiner Macht verjagen und zunichte machen kann.

Die Hauptstücke des Glaubens sind für den frommen Wittenberger Professor wie das tägliche Brot, das wir brauchen »gegen das tägliche und ruhelose Anfechten und Auflauern des tausend Künste treibenden Teufels. »Täglich dreimal soll der Christ dies lesen, darüber nachdenken, es hersagen können.« Das ist evangelische Spiritualität. Dazu braucht man kein Kloster; die Welt ist das Bewährungsfeld des Glaubens.

Als Luther 1529 den Großen oder Deutschen Katechismus (weil in deutscher Sprache verfasst) veröffentlicht, tut er dies schlicht einer Not gehorchend. Denn die Pfarrer seien im Ganzen richtige Versager. Die einen kümmern sich nicht um die einfachsten Dinge des Glaubens, weil sie sich so unglaublich gelehrt fühlen, auch sich für einfache Dinge zuschade wähnen; die anderen sind schlicht zu faul und mit lauter Bauchsorge beschäftigt. Ja, sie sind »allzumal schändliche Fresser und Bauchdiener, die mit mehr Recht Sauhirten oder Hundeknechte sein sollten als Seelsorger und Pfarrer!« Sie sollen statt des unnützen und beschwerlichen Geschwätzes der früheren strengen Gebetszeiten (der sog. Horen), wo alles veräußerlicht war, ihre Pfarrkinder dazu anhalten, dass sie täglich beten, im Neuen Testament lesen und dabei die drei Hauptstücke als eine Art Grundnahrungsmittel des Glaubens immer wieder bedenken.

Es kann wohl sein, dass man mit vielem Mühen den Pöbel nicht erreichen kann und nichts Sonderliches ausrichtet, selbst wenn man viel Fleiß darauf verwendete. Aber »was würde es vollends geben, wenn wir lässig und faul sein wollen?«

II.

Wir Menschen bedürfen dessen, dass wir in Glaubenssachen wie Kinder würden und das ABC täglich neu anfangen zu lernen, statt zu meinen, wir hätten uns alles längst an den Schuhsohlen abgelaufen.

Luther geht es um Verinnerlichen, um Wissen und Verstehen. Man solle dieselben wenigen Sätze immer wieder lesen, sie hersagen, meditieren, täglich damit umgehen.

Von drei Stücken des Katechismus her sei die ganze Bibel begreifbar. Nie werden wir sie ganz auslernen können. Faulheit und Vermessenheit sind die beiden Hauptgegner.

Zugleich weist Dr. Luther die Pfarrer darauf hin, dass sie situationsgemäß lehren sollen, also mit einem inneren Gespür das herausfinden, was gerade am nötigsten ist oder woran »das Volk am meisten Not leidet«. 1529 sah er das siebente Gebot (»Vom Stehlen«) als etwas höchst Aktuelles an. Kein Stand sei davon ausgenommen. Das liest sich heute noch als Warnung vor legalem, aber nicht legitimem wirtschaftlichen Gebahren, wo eigener Vorteil zum Nachteil des Nächsten eingereicht ist. Überall, wo man »mit Geld und Ware hantiert oder Arbeit gibt und nimmt«, werden Marktvorteile mit aller Tücke erschlichen. Mit allen Kniffen und Ränken werden da andere übervorteilt. Wenn man die Welt jetzt ansieht, »so ist sie nichts weiter als ein großer, weiter Stall voll großer Diebe« – ein Stehlen »mit gutem Schein des Rechts«. Positiv bedeutet das Gebot, des Anderen Gut fördern, bessern und wo er Not leidet, helfen, teilen, vorstrecken, beiden – Freunden und Feinden. Gebotsauslegung wird unmittelbare Zeitkritik! Oder sage man es genauer: ein Beichtspiegel.

Der Deutsche Katechismus war insbesondere für die Prediger gedacht, die sich vor »giftigem Geschmeiß, vor Sicherheit und Dünkelmeistern hüten sollten«, weil ihrer irrigen Meinung nach ein solcher Katechismus einfach zu simpel sei. Andere würden sich aus lauter Bequemlichkeit und geistiger Genügsamkeit überhaupt nicht um das geistliche und soziale Leben kümmern. Und das keine zehn Jahre seit der Reformation! Bereits 1520 hatte Luther »Eine kurze Erklärung des christlichen Glaubens nach den Geboten, dem Glaubensbekenntnis und dem Vaterunser« in den Druck gehen lassen – ein kleines Hand- und Hausbuch für den Christen, worin sich alles findet, was »für einen Christen zu wissen nötig ist, darin gründlich und vollständig zusammengefasst ist.« Ein Christ müsse wissen, *was* er tun und lassen, *wo* er schöpfen, suchen und finden und *wie* er es suchen und holen soll.

Jene »Kurze Erklärung« war primär als Beichtspiegel gedacht gewesen, woran der Einzelne sein Leben überprüfen könne und sähe, wo und wie er es bessern müsse. Dabei hatte er als generelle Meßlatte für Wahrheit und Unwahrheit, für Gut und Böse, für Recht und Unrecht die sogenannte »Goldene Regel« herangezogen: »Was ihr wollt, dass euch die Menschen tun sollen, dasselbe tut auch ihr ihnen. Das ist das ganze Gesetz und die Propheten.« (Matth. 7, 12)

Bei der Auslegung der Zehn Gebote hatte Luther zwischen dem *Verstoß* gegen die Gebote und der *Erfüllung* der Gebote unterschieden. Somit galt ihm der Dekalog nicht nur als ein *Verbots*katalog, sondern auch als ein vom Neuen Testament bestimmter *Gebots*katalog. Erfüllung des fünften Gebotes heißt zuerst, dass ein Mensch nicht töten darf, sich aber zugleich aktiv in Friedfertigkeit einübe: »Geduld, Sanftmütigkeit, Güte und Friedsamkeit, Barmherzigkeit und in allen Dingen eine warme, freundliche Herzlichkeit zu jedem Menschen, auch dem Feind gegenüber, ohne jeden Hass zu sein, ohne Zorn und Bitterkeit.«

Erfüllung des achten Gebotes »Du sollst nicht falsch Zeugnis reden« sah er in einer »friedsamen, heilsamen Sprache, die niemandem schadet und jedem nützt, eine Zunge, die die Zerstrittenen versöhnt und die Verleumdeten entlastet und besonnen spricht, das heißt wahr und eindeutig gegeben«. Geradezu revolutionär muss man es nennen, wenn Luther nicht bloß das aufführt, was der Mensch tunlichst *lassen*, sondern auch ausführt, was er *tun* soll. Das nennen wir heute positive Ethik.

III.

Der Ursprung des Katechismus liegt im Taufunterricht – für Erwachsene wie für die Eltern der Säuglinge, die getauft werden sollen. Dabei knüpft Luther durchaus ganz an alte kirchliche Tradition an, die bis in das dritte Jahrhundert zurückreicht.

Der Katechismus sollte in das Gemeindeleben, noch viel mehr in das Familienleben eingebettet sein. Er war für das tägliche Leben bestimmt. Deshalb hat Luther zum praktischen Gebrauch dem Katechismus einen Morgen- und Abendsegen sowie Gebete vor und nach dem Essen beigefügt. Nach dem Morgensegen heißt es: »Und alsdann mit Freuden an dein Werk gegangen.« Entsprechend heißt es abends – nach dem Abendsegen: »Und alsdann flugs und fröhlich geschlafen.« Theologisches wie seelsorgerliches Zentrum, der Kristallisationskern des Glaubens, ist für

Luther das Vaterunser-Gebet. Jeder Mensch ist in der Einfalt seines Glaubens auf schlichte Vergewisserung angewiesen. Er muss sicher zuhanden haben, worauf es ankommt. Eben das ist im Katechismus zusammengefasst.

Die schlechterdings *prinzipiell* und zugleich *existenziell* wichtigste Frage ist, was es heißt, »einen Gott zu haben« oder »was Gott ist«. Luther vermag es, in seinem lieben Deutsch seinen »lieben Deutschen« (selten ohne leise Ironie gebraucht!) in direkter, bildhafter, unmissverständlicher, geistlich tiefer und politisch konkreter Weise darzulegen, worauf es ankommt. Der große Pädagoge (*Praeceptor germaniae*) Melanchthon hat das ganz schnell begriffen und auf die Weiterarbeit an seinem – lateinischen – Katechismus verzichtet.

IV.

Mit jeder Generation beginnt das Leben neu; jede Generation muss neu ihre Lektion lernen, ganz so, wie jeder einzelne Mensch seine Lektion lernen muss. Gleichzeitig stehen wir auf den Schultern unserer Vorfahren, lernen von deren Erfahrungen, setzen uns ab von ihren Irrtümern und begehen eigene große oder kleinere Fehler. Tradition ist weder Korsett noch Sofa, sondern Sprungbrett in die Zukunft.

Was aber gedenkt die jeweilige Gegenwart, künftigen Geschlechtern weiterzuvermitteln, was will sie aus der Vergangenheit transformiert aufnehmen und weitertransportiert wissen?

Goethes Wort wurde zu recht zum Sprichwort: »Was du ererbst von deinen Vätern, erwirb es, um es zu besitzen.« In jeder Zeit stellt sich die Frage, was wir *unbedingt* der nächsten Generation weitergeben möchten, ohne ihr den

Atemraum nehmen zu wollen. Soweit wir sehen können, hat jede Zeit, jede Kultur, jede Religion, jede Nation versucht, das Wesentliche in Programmen, Thesen, Texten, Liedern zu verdichten. So ist es für die Gegenwart hilfreich, sich die dramatischen Umbrüche des 16. Jahrhunderts zu vergegenwärtigen, als Martin Luther der römischen Kirche bestritt, die einzig wahre Kirche zu sein, die von einem Zentrum, gar von einem Papst aus, dirigiert wird. Er stellte den Glauben ganz auf den Einzelnen und auf die Bewahrung und Bewährung des Glaubens im Alltag. Der Beruf galt ihm als ein ›Gottesdienst‹. Der Schuster ist auf seine Weise ein Priester, weil er auch aus der Taufe gekrochen sei und somit höchste Würde beanspruchen könne. Da stellte sich elementar die Frage nach der wirksamsten Form der Vermittlung eines Glaubens, der in Freiheit und in die persönliche Verantwortung ruft, die beide nicht an eine heilige Institution delegiert werden können. Die christliche Freiheit kommt aus der Befreiung des Menschen durch Gott. Die Welt ist der Bewährungsraum von verantwortlichen, mündigen, zuversichtlichen und maßstaborientierten Menschen. Wer aber sollte in einer nichthierarchischen Kirche die Autorität sein, wenn nicht mehr der Papst, die Kardinäle, die Bischöfe, die Priester oder das Heilige Offizium? Wenn für die Reformatoren an die Stelle der Kirche fortan die Familie als entscheidender Vermittlungsraum für christlichen Glauben rückt, wenn an die Stelle des Priesters nunmehr der Hausvater tritt und an die Stelle des Papstes der jeweilige berufene Prediger der Ortsgemeinde gestellt wird, der zwar nicht *ex cathedra*, aber *ex cancella* redet, dann müssen die Hausväter, die Prediger und die Lehrer angemessen zugerüstet, ausgebildet und auf das wirklich Wesentliche verwiesen werden. Das Wichtige gilt es zu *beherzigen*; dazu aber muss man es *kennen*, *verstehen*, hernach *vermitteln* können.

Das Wort ist auf einen Glauben aus, der persönlich angenommen wird. Der Einzelne tritt in eine direkte Beziehung zu Gott, dem Schöpfer, dem Versöhner und Erneuerer. Ohne dafür eine sogenannte Heilsvermittlungsanstalt zu benötigen, tritt der Getaufte in einen direkten Bezug zu dem Gott, der Glaube, Hoffnung und Liebe wirkt. Die Zuwendung Gottes an den Menschen hat einen Namen bekommen: Jesus aus Nazareth, einen Künder, einen Heiler, einen Propheten, einen Versöhner, der für uns sein Leben am Kreuz hingibt und als auferweckter Christus zum Herren des Lebens wird: Kyrios – König über alle Könige.

Wie entwickelt sich allgemeine Volksfrömmigkeit, wenn sie nicht mehr an das Mysterium der Kirche und ihre festgefügten Riten und Regeln gebunden ist? Wie wird das freigesprochene Individuum ermutigt, seinen Platz in der Welt als Christ auszufüllen? Bereits 1518 hatte Luther mit einem Versuch, das Neue seiner Erkenntnis in einen Katechismus zu fassen, begonnen. 1523 führt er jährliche Katechismuspredigten ein. 1528 predigt er dreimal über den gesamten Katechismusstoff. Er meditiert die Texte immer wieder neu. Daraus ergibt sich für ihn ein enormer Verdichtungsprozess, dem auch seine vielen Katechismuslieder entspringen. Zunächst hatte er nicht an ein Memorieren des Wortlauts der Erklärungen gedacht, sondern an ein freies Gespräch, für das er mit seinem Formulieren ein hilfreiches Beispiel geben wollte.

Später wurde sein Katechismus zur Predigtgrundlage. Es kommt zu regelrechten Katechismusrezitationen, während der Kleine Katechismus vermehrt auswendig gelernt wird.

Das Grandiose von Luthers geistig-geistlicher Leistung wird nicht geschmälert, wenn man seinem Text anmerkt, dass er aus dem 16. Jahrhundert stammt – also *vor* dem Dreißigjährigen Krieg, vor Absolutismus und Aufklärung, vor den Revolutionen von 1789, 1917 und 1989, vor den nationalistisch-militaristischen und rassistischen Verirrungen des 19. und 20. Jahrhunderts, an denen auch Christen sich aktiv oder duldend beteiligt haben.

Luther muss man sich denken lange vor Kant, Marx, Nietzsche und Darwin, Freud und Einstein. Vor allem aber vor der gründlichen Diskreditierung von Gehorsam durch den verbrecherischen Missbrauch staatlicher Institutionen im Nazismus. Deshalb denken wir heute anders über Autorität und müssen anders darüber denken – bemerkend, dass ein Gemeinwesen aber nicht ohne Autoritäten und ohne Pflichterfüllung bzw. Befolgung von Gesetzen funktionieren kann.

Luthers Katechismus ist in allem erstaunlich aktuell geblieben, wenngleich seine Antworten vielfach nicht mehr unsere Antworten sind: in Zeiten des globalisierten Neoliberalismus als einer neuen Spielart des Mammonismus, der auf den Kommunismus unmittelbar folgte, in Zeiten der medialen Entwürdigung von Menschen durch Ausnutzung seiner niederen Instinkte, zu Zeiten der illusionären Sinnbindung des Lebens an materielle Güter, wo Reichtum angesichts der Weltarmut und unfairer Handelsbedingungen als Diebstahl gelten kann und wo »effiziente« Ausbeutung der Naturschätze zur absehbaren Plünderung der Schöpfung wird.

V.

Immer wieder kommt Luther auf jene drei Hauptstücke zurück (Dekalog, Credo, Vaterunser).

Dazu die beiden, von Christus selbst eingesetzten Sakramente: Taufe und Abendmahl. Es geht um Orientierung, Bekenntnis und Zuversicht, um Vergewisserung und Erinnerung, um erfahrene Entschuldung und aufgetragene Versöhnung.

Das wenige Wichtige gut kennen und es auswendig können, damit jeder Einzelne im besten Falle es in sich und mit sich trage. *Omnia mea mecum porto* – alles, was ich habe, trage ich mit mir, bin ich selbst, habe ich mir angeeignet: »Ich weiß, woran ich glaube. Ich weiß, was fest besteht.«

Luther ging es darum, dass jeder, der die Heilige Schrift liest, weiß, von welchem Standpunkt aus er sie lesen und verstehen soll. Was christlicher Glaube bedeutet, eignet sich der einzelne Mensch in einem Dreischritt von *Wissen*, *Verstehen* und *Annehmen* an.

Viele, auch sehr unterschiedliche Traditionen sind im Laufe einer dreitausendjährigen Religions- und Kulturgeschichte in die Bibel eingegangen. Woraufhin lässt sich das Ganze ausrichten und muss man das, was »Heilige Schriften« sind, auch kritisch, von einem gültigen »inneren Maßstab« aus lesen können?

In seiner Vorrede hatte Luther vor den Leuten gewarnt, die meinen, sie wüssten alles, wo doch selbst die Propheten samt allen Heiligen ihr Leben lang am Glauben zu lernen gehabt hätten, »und sind noch immer Schüler geblieben und müssen's bleiben.« Manche dünken sich stets sehr schlau. Sie warnt er, sich mit aller Sorge und Fleiß vorzusehen, »vor dem giftigen Geschmeiß solcher Sicherheit der Dünkelmeister«. Sie sollten sich doch lieber einander ständig anhalten mit »Lesen, Lehren, Lernen, Denken und Nachsinnen«. Und davon nie ablassen! Eins ist gewiss: Der Teufel schläft nicht und schleicht sich immer wieder ein, dieser Durcheinanderbringer, »dem man nur mit dem Wort Gottes entgegentreten kann.«

Schon die jüdische Tradition hat im sogenannten Sch'ma Israel »Höre, Israel …« (Deuteronomium 6, 7 ff.) auf Glaubensvermittlung durch beständige, im Alltag verwurzelte Einschärfung gesetzt: »Dass man solle sein Gebot sitzend, gehend, stehend, liegend, aufstehend immer bedenken und wie ein stetiges Mahnzeichen vor Augen und in Händen haben.« Dies solle der Christ in anderer Weise auch tun: mit dem täglichen sich Vorsprechen der Zehn Gebote, des Apostolikums und des Vaterunsers – und möge sich dabei bekreuzigen. Damit könne man gar den Teufel und böse Gedanken verjagen, weil ja Gottes Wort »nicht wie ein anderes loses Geschwätz ist«. Der Glaube würde nur lebendig bleiben, wenn man täglich diese grundlegenden Texte spricht, dazu Psalmen und Lieder. Er selbst tue das auch wie ein Kind, das man den Katechismus lehrt. Luther bekennt, er müsse das täglich lesen und studieren, müsse ein Kind und Schüler des Katechismus bleiben und wolle es auch gerne bleiben.

VI.

Luther versteht den ganzen christlichen Glauben vom ersten Gebot des Dekalogs her.

»Ich bin der Herr, dein Gott. Du sollst nicht andere Götter neben mir haben.«

Was ist das? Wir sollen Gott über alle Dinge fürchten, lieben und vertrauen.

Diese Erklärung wird bei jedem einzelnen Gebot wiederholt und im Kleinen Katechismus wird eine Struktur durchgehalten, wo Negation und Position nebeneinander stehen. Dies macht deutlich, dass die Zehn Gebote nicht bloß etwas *verbieten*, sondern auch positiv den Menschen *gebieten*, wie er handeln soll, nicht bloß, wie er nicht handeln soll.

Also: Beten, loben, danken, heilig halten, gern hören, lernen, in Ehren halten, dienen, gehorchen, lieb und wert haben, helfen und fördern, lieben und ehren, bessern helfen und behüten, Gutes reden, alles zum Besten kehren, förderlich und dienlich sein, vertrauen und alles gerne tun nach seinem Gebot usf.

Da bleibt *eine* Grundbotschaft zurück: Sich bei allem vertrauensvoll an Gott wenden und zuversichtlich handeln, ohne sich über das Zurückbleiben gegenüber Gottes Anspruch Illusionen zu machen. Gottes Zuspruch ist stärker für den, der Buße tut, um Vergebung bittet und sie erfährt.

Heute stellt sich die Frage wiederum, wie wir Traditionen, die leben helfen und Orientierung geben, sachentsprechend und wirksam vermitteln können und wie es zu einer inneren Verankerung geistig-moralischer Grund-Sätze kommt.

Das Grundvertrauen ist das Entscheidende des Glaubens. Dieses Vertrauen ist die entscheidende Kraft des Lebens. Glauben *ist* Vertrauen. Jeder Mensch habe einen Gott, weil er auf etwas sein Vertrauen setzt. »Worauf du nun dein Herz hängest und verlässest – das ist eigentlich dein Gott.«

Die Auseinandersetzung zwischen Gott und Abgott, Gott und den Gottessurrogaten zieht sich durch. Es wirkt wie eine Philippika auf die Gegenwart: »Es ist mancher, der meinet, er habe Gott und alles genug, wenn er Geld und Gut hat; er verlässt und brüstet sich darauf so steif und sicher, dass er niemandem etwas gibt. Siehe: dieser hat auch einen Gott, der heißet Mammon, das ist Geld und Gut, darauf er all sein Herz setzet, welches auch der allergewöhnlichste Abgott auf Erden ist. Wer Geld und Gut hat, der weiß sich sicher, ist fröhlich und unerschrocken, als sitze er mitten im Paradies; und umgekehrt, wer keins hat, der verzweifelt und verzagt, als wisse er von keinem Gott. Denn man wird ihrer gar wenig finden, die guten Mutes seien, nicht trauern, noch klagen, wenn sie den Mammon nicht haben; es klebt und hänget der Natur an, bis ins Grab.«

An diesem Mammon wird unsere Welt zugrunde gehen, wenn Menschen nicht auf anderes ihr Vertrauen setzen, denn auf solche Vermessenheit. Sicherheit und Stolz bezieht sich auch auf die Menschen, die auf ihre große Gelehrsamkeit, Klugheit, ihre Gewalt, ihre Abstammung oder äußere Ehre setzen.

Gott ist nicht etwas, was man in einen Kasten schließen, was man mit Händen fassen kann. Sondern: »Wenn ihn das Herz ergreift und an ihm hanget.«

Das bedeutet, sich gänzlich auf ihn zu verlassen. Gott sei das, von dem man alles Gute empfängt. Im Deutschen habe das Wort Gott eine sprachliche Affinität zu »gut«. Also Gott ist das, von dem aus »eitel Güte überfließt und von dem alles, was gut ist und heißt, ausfließt.« Die menschliche Haltung gegenüber Gott ist Dankbarkeit – im Wissen, dass alles, was der Mensch hat, empfangen wurde. Aus der Gabe kommt die Aufgabe. Alles, was der Mensch an leiblichem Leben, an Glück und Hilfe erfährt, das sind nur »Hand, Kanäle und Mittel, dadurch Gott alles gibt, wie er der Mutter Brüste und Milch gibt.«

Abgötterei habe von Beginn der menschlichen Geschichte an bis zum heutigen Tage Menschen irregeführt. So finde man bis heute »stolze, gewaltige und reiche Wänste, die auf ihrem Mammon protzen, ungeachtet, ob Gott zürne oder lache. Diese Wänste protzen vor den anderen und leben doch auf schlüpfrigem Grund. Meine Erfahrung sagt auch, auf welch einem dünnen Eis all die leben, die doch so sicher tun, die heute so Großen, die morgen so verachtet sind.« Ein Christ aber solle, wenn er Gott glaubt, lernen, dass »Gott nicht Höheres von uns fordert als eine herzliche Zuversicht alles Guten.« Keine moralische

Selbst-Überanstrengung, sondern Grundvertrauen, Urvertrauen haben, dass es Gott gut mit mir meint! Wir Menschen sollten alles, was wir können, dankbar als eine Aufgabe annehmen. Alles hat seine gute Ordnung und wir stehen in einer guten Ordnung Gottes. Wir wissen um die listigen Anschläge des »Tausendkünstlers«. Luther nennt ihn immer wieder ganz unbefangen »den Teufel«. Es gilt, diesen in seiner machtbewussten Raffinesse nicht zu unterschätzen. Wir gehen ihm oft auf den Leim, ohne es zu merken. Es ist »der altböse Feind«, mit dem es der Glaubende aufnimmt. Ganz vom ersten Gebot aus versteht und entfaltet Luther nicht nur die Zehn Gebote, sondern seinen ganzen Katechismus.

Von besonderer Bedeutung für situationsbezogene Auslegung scheinen mir heute das vierte, das fünfte und das achte Gebot zu sein. Was Luther über das Lieben und Ehren der Eltern sagt, bekommt gerade in der Situation der Überalterung unserer Gesellschaft eine bestürzende Aktualität.

Man solle die Eltern vor allen Dingen herrlich und wert halten, als höchsten Schatz auf Erden. Man solle sich auch mit Worten züchtig gegen sie stellen, dass man nicht übel beschimpfe, auftrumpfe oder poltere, dass man vielmehr ihnen diene und helfe und sie versorge, wenn sie alt, krank, gebrechlich oder arm sind und dies alles »mit Demut und Ehrerbietung, als wenn es vor Gott getan ist«.

Andererseits schärft er auch den Eltern ihre Verantwortung für die nächste Generation ein, bezieht aber dieses vierte Gebot nicht bloß auf die leiblichen Eltern, sondern auch auf die Obrigkeit, der der einzelne Mensch gehorsam sein soll, denn dies seien die Oberpersonen »die zu gebieten und zu regieren haben.« Sie seien die *Patriae*, also Väter des ganzen Landes. »Wer nun hier gehorsam, willig und dienstbar ist und gern alles tut, was die Ehre anbelanget, der weiß, dass er Gott den Gefallen tut und Freude und Glück zu lohnen kriegt. Will er es nicht mit Liebe tun, sondern verachten und sich sperren oder Lärm schlagen, so wisse er auch umgekehrt, dass er keine Gnade noch Segen habe.«

Nun ist in diesem Gebot inbegriffen, dass Gott nicht will »Buben und Tyrannen in diesem Amt und Regiment haben«, sondern dass auch sie unter Gottes Gehorsam leben und vor allen Dingen ihres Amtes sich herzlich und treulich annehmen, also auch nicht in eigener Willkür handeln. Kinder seien also weder für die Eltern da als eine leidige Plage oder um mit ihnen unsere »Lust- und Kurzweil« zu haben. Und die Obrigkeiten seien nicht dazu da, mit den Untertanen nach ihrem Mutwillen zu leben.

Bei der Erziehung, die die leiblichen Eltern, die geistlichen Väter und die weltlichen Machthaber den Generationen angedeihen lassen, mögen sie »nicht allein daran denken, wie sie ihnen Geld und Gut sammeln«.

Die Fragen nach Autorität der Eltern wie des Staates, nach Notwendigkeit und Grenzen von Gehorsam, nach gegenseitiger Fürsorge und Konflikttoleranz sind heute so aktueller wie zu Luthers Zeiten.

Im fünften Gebot »Du sollst nicht töten« – vollzieht Luther eine in der politischen Wirkung verhängnisvolle strikte Scheidung zwischen dem Verbot für den Einzelnen, einen anderen zu töten, und dem Gebot, der Obrigkeit Gehorsam zu leisten und im Kriege zu töten. Das Gebot wird somit gänzlich individualisiert. Zugleich verweist Luther auf die vielen Formen des Tötens anderer Menschen, ob mit Hand, Tat oder Zunge. Auch mit dem Herzen kann man jemand feind sein, ihm in Zorn oder Hass begegnen. All dies gehöre zu diesem Gebot. Luther legt die Gebote im Sinne der Bergpredigt aus, aber strikt in beide Bereiche geteilt: Sanftmut, Geduld, Liebe und Wohltat gegen unsere

Feinde sollen wir üben, aber beim Kampf des Landes gegen einen Feind ist der Obrigkeit Gehorsam zu leisten. Das heißt eben, mit aller Tapferkeit, Disziplin, Gehorsam und ohne Gewissensbeschwerung Menschen töten, die als Feinde keine schützenswerte Geschöpfe Gottes mehr sind. Gerade diese Auslegung sollte in der weiteren Geschichte verhängnisvoll werden, Obrigkeitsuntertanenideologie fördern – bis hin zum Kriege Hitlers, indem man »dem Führer« gar kirchenoffiziell die Legitimität einer Obrigkeit, der man Gehorsam zu leisten, zugestand.

Dem Nächsten Gutes zu tun, ihm zuvorzukommen, ihn zu schützen und zu retten, einen Nackten zu kleiden, einen Hungernden zu speisen – all dies sind christliche Tugenden, aber auf den personalen Bereich beschränkt. Darin liegen bis heute schwerwiegende, kaum lösbare Fragen verborgen, nicht zuletzt die Frage nach legitimem Töten in einem sogenannten »gerechten Krieg«. Heute wird vielmehr nach einem »gerechten Frieden« zu suchen sein.

Nicht zuletzt bezogen auf eigene Erfahrungen mit dem Gebot »Du sollst nicht falsch Zeugnis reden wider deinen Nächsten« entfaltet der Reformator das, was wir heute Medienethik nennen. Er warnt vor denen, die eine Lust daran haben, andere zu beschädigen, jenen Afterrednern, »die eines anderen Schmutz aufwühlen wie die Säue, die sich im Kot wälzen und mit dem Rüssel darin wühlen.« Ein Christ solle vielmehr von jedermann das Beste reden, – gegen Freund und Feind, und ihm auch mit der Zunge nicht schädlich sein – es sei wahr oder erlogen. Alles müsse zur Besserung geschehen. Luthers Auslegung sei der Niedermachkultur unserer Zeit dick ins Stammbuch geschrieben.

VII.

Bei den Sakramenten Taufe und Abendmahl ist es Luther – wie bei der Beichte auch – entscheidend, dass sie von Christus selbst eingesetzt sind. Man müsse sich drei Fragen stellen: »Was es sei, was es nütze, und wer es empfangen soll.«

Wort(e), Elemente (Wasser und Brot) und Glaube gehören zusammen. Bei der *Taufe* mit Wasser geht es so, »dass es hier nicht bloß schlichtes Wasser ist, sondern ein Wasser in Gottes Wort und Gebot gefasset und dadurch geheiligt, so dass es nichts anderes ist als ein Gott-Wasser.«

Man solle die Taufe trefflich, herrlich und hoch halten. Die Taufe ist kein äußerlich Ding. Sie steht in Gottes Wort und Gebot, »das die Taufe einsetzt, gründet und bestätigt.«

Ja, es ist wirklich so, dass eine Handvoll Wasser der Seele helfen kann! Denn wer glaubt und getauft wird, der wird selig. Gottes Werke sind in sich selbst gültig und heilsam, aber für den Menschen muss der Glaube hinzukommen, »denn ohne Glauben könnte man sie nicht fassen. Wenn man nur Wasser über sich gießen ließe, hat man noch nichts empfangen, was irgendetwas nütze, denn das Herz muss es glauben.«

Damit verweist er die Taufe nicht etwa in die Subjektivität des Einzelnen, sondern verweist sie in die Beziehung zwischen Gott und Mensch, die *unmittelbar* ist und in Sakramenten empfangen wird, wenn das Wort gehört wird und im Menschen als Same des Lebens aufgeht.

Zugleich spürt der Mensch, dass er von Natur aus nichts Gutes an sich hat. Wenn er als einer, der aus der Taufe gekrochen ist, in Christi Reich kommt, dann nimmt das Böse täglich ab, dass wir »je länger je milder, geduldiger, sanftmütiger werden, dem Geiz, Hass, Neid, Hoffart immer mehr Abbruch tun. Der Mensch muss immer wieder den alten Menschen unter sich treten.« In der Taufe steckt eine Kraft, »die uns den Teufel aus dem Hals reißet, Gott zueigen macht, die Sünde dämpft und wegnimmt, danach täglich den neuen Menschen stärket.«

Dennoch erleben wir täglich an uns selbst, dass wir, so lang wir leben, den alten Menschen am Hals tragen. Da wird das *Brotbrechen* und das Weinausteilen, das Heilige Abendmahl »eine Speise der Seelen, die den neuen Menschen nähret und stärkt.«

Das Mahl ist zur »täglichen Weide und Fütterung gegeben, dass sich der Glaube erhole und stärke, auf dass er in solchem Kampf nicht zurückfalle, sondern immer jeweils stärker und stärker werde.« Auch beim Heiligen Abendmahl ist es der *Glaube*, der das Wort in sich aufnimmt, das über Brot und Wein gesprochen wird.

Denn »man kann's nicht anders als mit dem *Herzen* ergreifen und zu sich nehmen; denn mit der Faust wird man solches Geschenk und ewigen Schatz nicht fassen.«

Jahrhundertelang hatte man sich mit der Frage herumgequält, wann man würdig sei oder unwürdig sei, am Heiligen Abendmahl teilzunehmen. Luther wendet mit aller Schärfe ein: es ist nicht deine (moralische) Würdigkeit oder Unwürdigkeit. Der Mensch nimmt nicht am Mahl auf seine eigene Würdigkeit hin teil, sondern auf das Wort Gottes hin, der die Unwürdigen einlädt. »Meine Würdigkeit bleibe, wo sie will.« Die Beladenen sollen Entlastung erfahren. Alle, die ihre Schwachheit fühlen und sie gerne loswerden möchten und Hilfe begehren, sollen Brot und Wein genießen – im Glauben »als ein köstlich Gegengift wider die Gifte, die wir in uns haben.«

Der Mensch gehe also nicht gequält, bedrückt, sauertöpfisch dorthin, sondern fröhlich und lasse sich erquicken, trösten und stärken.

Nachdem nun der äußere Zwang, den die Kirche und

ihre Ordnungen auferlegt hatten, weggenommen ist, soll der Christ aus eigenem Antrieb mit ganzem Herzen diese Sakramente begehren und sich nicht fern halten, »bis wir ganz erkalten und verhärten, so dass wir keine Lust noch Liebe dazu haben.« Das Mahl ist eine Speise und Arznei für Seele und Leib, »denn wo die Seele genesen ist, da ist dem Leib auch geholfen.«

Von dieser wunderbaren Kraft der Sakramente Zeugnis zu geben, sie der nächsten Generation zu vermitteln, ist Aufgabe jedes Hausvaters. Das ist es, was wir einander nicht schuldig bleiben dürfen: dass wir uns helfen zu glauben, zu lieben, zubeten und »wider den Teufel fechten.« Ein lebenslanges Lernen!

Luther erweist sich als guter Menschenkenner – nicht zuletzt, weil er in alle eigenen Abgründe geschaut und sie durchlitten hatte. Für ihn ist das Böse kein ›Es‹, sondern eine personale Macht, eine Gegenmacht Gottes, der man nur mit tiefem Gottvertrauen als ein Getrösteter entgegenwirken kann. Nie würde Luther sagen: »der Mensch, das Schwein« (Gottfried Benn), denn er ist kein verächtlicher Zyniker, sondern ein fröhlicher Sünder, der nach der Devise lebt: *pecca fortiter – crede fortius!* Also: sündige (handle!) kräftig, aber glaube viel kräftiger.

Ein Christ ist ganz und gar kein besserer Mensch, sondern ein Mensch, der weiß, dass er der Besserung bedürftig ist. Moralisch nicht gut, nicht charakterlich höherstehend, erst recht nicht zur Kategorie der bespöttelten »Gutmenschen« gehörig. Der von Gott geliebte, trotz seiner inneren Zerworfenheit angenommene Mensch ist sein Thema. Der Mensch ist ein *homo incurvatus in se ipsum* – ein in sich selbst verkrümmter, der von Gott aufgerichtet wird.

So kann man Luther nicht zu den Utopisten oder moralischen Rigoristen zählen. Er ist ein gnadenvoller Realist: Er beschreibt den Menschen nicht in den finstersten Farben, aber er verleugnet nicht dessen Finsternis. Der Mensch bleibt stets in der Spannung von »schon gerecht und noch immer Sünder«. Es ist der sich verfinsternde Mensch, den Gott *aufrichtet* und neu *ausrichtet*, der zum aufrechten Gang befähigt wird und mit einem fröhlichen Gewissen handeln kann. Alles, was menschliche Gefährdung, Abgründigkeit und Bedürftigkeit ausmacht, wird im Vaterunser heilend ausgesprochen.

Es ist wahrlich das Gebet, das die Welt umspannt. Das umfasst eindrücklicher, ja aufrichtender als alles andere – so existentiell wie emotional – alles, was christlichen Glauben als Existenz der leeren Hände, des getrösteten Bettlerseins ausmacht.

Schuld bekennen

I.

Menschliche Schuld als eine Selbstverfehlung, die sich am Mitmenschen und an aller Mitkreatur auswirkt, ist die durchgängige Frage biblischer Überlieferung. Zugleich erzählt diese Überlieferung von diversen Strategien des Menschen, um von seiner (Mit-)Schuld abzusehen. Denn wer möchte nicht gern seine Hände in Unschuld waschen, und wen entlastet es nicht, wenn er für das, was an Unrecht in Nah und Fern geschieht, andere für schuldig erklären kann?

Fragen nach Schuld und Unschuld in der deutschen Geschichte des 20. Jahrhunderts standen wieder auf Seite eins der Agenda öffentlicher Erregung: »Der Untergang«, »Der Neunte Tag«, »Sophie Scholl«, »Dresden«, »Das Leben ist schön«, »Der Pianist,« »Der Untergang«, »Speer und ER«, »Eichmann.« Immer wieder ein ganzes Land filmisch im Banne eines Irren, eines Besessenen, eines Verrückten…

Es ist unser Land. Der Verrückte war ein bejubelter Repräsentant des Deutschtums, und mit ihm zog dieses Volk mit ungeheuerer Kraft in einen Weltkrieg, in einen gigantischen Raubzug.

Der größte Verbrecher der deutschen Geschichte wird zur Filmfigur. Wer war nun am Inferno in Dresden schuld, und wer musste dort unschuldig sterben?

Viele meinen, es sei nun endgültig genug, von deutscher Schuld zu reden. Nun müssten endlich mal die anderen ran! Was haben die Alliierten uns nicht alles angetan: Trümmerstädte durch anglo-amerikanische Bomber oder Vergehen der Roten Armee auf dem Wege von Ostpreußen nach Berlin. »Anonyma« zeigte doch so lang Verschwiegenes.

Der fortwährende Streit um das Zentrum für »Flucht, Vertreibung, Versöhnung« macht offenbar, dass wir längst nicht zuende sind mit dem, was 70 Jahre zurückliegt. Da wird plötzlich davon geredet, dass Polen doch schon Monate vor dem 1.September 1939 mobil gemacht hätte…

Nachgeborene können wahrlich nicht mehr schuldig erklärt werden; aber sie stehen in historischer Verantwortung für das, woran ihre Eltern und Großeltern aktiv oder duldend beteiligt waren – und sei es nur durch Zeitgenossenschaft. Untergründig wehrt sich unter den Deutschen etwas gegen das selbstbezichtigende »Dauergerede von deutscher Schuld«. Und es ist wohl auch zutreffend, dass wir Deutschen uns dieser schrecklichen und letztlich doch unbegreiflichen Vergangenheit insgesamt redlich gestellt haben.

Von »Scham und Trauer« hatte Bundespräsident Horst Köhler 2005 bei Gedenkveranstaltungen in Auschwitz und in Israel gesprochen. Offen bleibt indes, ob er für *alle* Deutschen gesprochen hat. Jüngst wurde wieder heftig diskutiert, inwiefern der Enkel eines Täters – wie Friedrich-Christian Flick – für seinen Großvater mitschuldig bleibt, weil er von ihm geerbt hat. Dessen persönliches – und finanzielles! – Engagement in einer Stiftung »Gegen Fremdenfeindlichkeit, Rassismus und Intoleranz« wird von den einen weiterhin als durchsichtiges Alibi abgetan, von anderen dankbar genutzt.

Heute stellen sich noch ganz andere Schuld-Fragen: Wird durch unseren Lebensstil jeder Einzelne mitschuldig an der dramatischen Klimaveränderung und daraus folgenden Katastrophen?

Und hat das, was am 11.9.2001 geschah, etwas mit Schuld zu tun? Empört wurde seinerzeit in den USA die Frage Susan Sonntags »Warum hassen sie uns so?« zurückgewiesen. Der sogenannte New War in all seinen Erscheinungsformen wurde nur als notwendige und konsequente Reaktion und Prävention bezeichnet. Präsident Obama schlug und schlägt andere Töne an, insbesondere in seiner Kairoer Rede, einen fairen Dialog mit den Muslimen anbietend.

Wo in Deutschland und in anderen Ländern Gewaltübergriffe auf Ausländer stattfinden, ist man schnell mit Erklärungsmustern zur Rechtfertigung bei der Hand, als ob soziale Perspektivlosigkeit im eigenen Lande eine Entschuldigung dafür hergeben könnte, was mit völlig arglosen, lediglich anders aussehenden Mitbürgern mitten in unserem zivilisierten Lande geschieht.

Selbst da, wo die Frage nach Schuld gar nicht gestellt werden kann, wird sie gestellt – wie etwa bei den Opfern von Naturkatastrophen –, nämlich in der bohrenden Frage: Warum wurde ich verschont, andere nicht?

Auch bei Ungläubigen bricht die alte Frage nach der Theodizee, nach der Rechtfertigung Gottes angesichts des Leidens in der Welt auf. Einfach »Schicksal« zu rufen reicht nicht; aber überall »selbst schuld« zu rufen, das trifft nicht und ist überdies herzlos. Wo von Schuld geredet wird, wird persönliche Verantwortung vorausgesetzt. Man kommt unausweichlich auf das Problem der Schuld *vor* jeder Tatschuld, der Mitschuld durch Unterlassen des persönlich riskanten Eingreifens z. B. bei jeglicher Verletzung von Menschenrechten.

Fragen nach Schuld und Unschuld reichen bis an den Ursprung des Menschseins zurück. Sowie der Mensch nach sich selbst fragt, fragt er auch nach seiner Verantwortung für sich und seine (Um-)Welt.

Die großen antiken Tragödien, die ersten großen Theaterstücke eines Aischylos, eines Sophokles und Euripides stellen die Fragen nach Schicksal und Schuld. Die im christlichen Abendland vielleicht bekannteste und berührendste Geschichte über Selbstüberschätzung, Schuld, Scham und Tränen ist die vom sich unerschütterlich-treu gebenden Petrus, der dreimal geleugnet hatte, bevor der Hahn krähte. »Er ging hinaus und weinte bitterlich.« Petrus schämt sich nicht bloß seiner Feigheit und seines Treuebruchs; sein ganzes Selbstbild ist erschüttert. Und dieser Petrus wird zum Fels der Kirche, auf dem sie sich gründet.

Erkannte und bekannte Schuld wird vergeben.

II.

Unsere Zeit ist geprägt von Schamlosigkeit. Schamlos lassen sich Großverdiener in Edelrestaurants für fremdes Geld bedienen, und mit dem einst stolzen Namen Hartz wird neben Hartz IV eine unsägliche, rotlichtige Raffermentalität assoziiert. Wer die Gehälter von ARD-Intendanten empörend findet oder sich über die fetten Boni für Banker, die ihre Banken – das Guthaben anderer! – aus lauter Gier nach schnellem Geld in den Orkus gefahren haben, zeigt, wird vielfach des bloßen Neides bezichtigt. Neiddebatte? Schamlosigkeitsorgien!

Wir kämen indes miteinander viel weiter, wenn jeder zunächst vor seiner Tür kehrte und wenn wir Maßstäbe, die wir an andere anlegen, für uns selbst gelten ließen, uns *unsere* Differenz zwischen Wollen und Vollbringen ehrlich vor Augen stellten – und das durchaus mit Scham.

Der Mensch als der »erste der Freigelassenen der Schöpfung« (Herder) kann und muss entscheiden, was er tut, was er dabei für gut, was für böse hält.

Mit seiner Freiheit ist er aus dem Zustand der Unschuld herausgetreten. Das war der Status paradiesischer oder tierischer Unschuld, in der er unmittelbar von Instinkten geleitet wurde. Die biblische Ursprungslegende erzählt davon, wie das immer wiederkehrende Spiel der Verantwortungsdelegierung ganz am Anfang begonnen hat: Die

Schlange verführt Eva. Eva verführt Adam. Zur Rechenschaft gestellt, weisen sie beide in der Verantwortungskette weiter zurück, er auf sie, sie auf die Schlange. Sie sind einer Einflüsterung gefolgt – also nicht schuldig! Die ätiologische Sage im Buch Genesis ist den Ursachen von Schuld und Scham auf der Spur. Adam schlägt sich nach der Tat in die Büsche, weil er sich schämt. Plötzlich schämt er sich. Scham gehört zur Schulderkenntnis. Er müsste den Mut aufbringen, sich zu seiner Schuld als folgenreicher Grenzverletzung zu bekennen.

Scham ist der bis ins Gefühl hinein reichende Ausdruck eines erkannten Versagens, ein Ausdruck für Verantwortungsbereitschaft und Verantwortungsübernahme. Scham ist ein unangenehmes *und* ein reinigendes Gefühl: Ein Mensch wird sich scham- oder gar schmachvoll eines Versagens, eines schwerwiegenden Fauxpas, eines peinlichen Vergessens, eines (un-)bewussten Verschuldens vor einem anderen Menschen oder vor der Öffentlichkeit bewusst. Er wird ganz nach innen oder ganz nach außen rot, fühlt sich ertappt, enttarnt, entblößt, auch an den Pranger gestellt. Andere wurden enttäuscht. Das Selbstbild wurde gekränkt, korrigiert, zerstört.

Scham zu empfinden, Scham zuzulassen, Scham auszuhalten gehört zu den Grundbedingungen von (Mit-)Menschlichkeit. Sie setzt einerseits einen verinnerlichten moralischen Maßstab und andererseits eine ausgeprägte Sensibilität voraus.

Der Selbstbewusste, der Selbstgerechte, der ganz Selbstgewisse kennt kaum Scham – sowie bei ihm kein Gewissen mehr anschlägt.

Der Übersensible kommt in seiner Scham um und ist *vor* jedem Handeln schon entmutigt. Scham ist eine moralische Empfindungsfähigkeit, sofern Moral etwas mit gelingender oder zerstörender Beziehung zu tun hat.

Scham begegnet uns in der öffentlichen Wahrnehmung als Reaktion auf ein verfehltes Handeln, dessen ein Mensch sich nachträglich peinvoll bewusst wird, das er wortreich rechtfertigt oder kaltblütig-schamlos leugnet.

Dabei ist Scham nicht zuerst und zuletzt etwas Moralisches, sondern etwas ganz Existentielles. Sie wird gar zum Seismographen unserer bisweilen verdrängten Kreatürlichkeit – wo wir alt, krank, hinfällig, hilfsbedürftig werden.

Tief reicht die Scham, in der ein Mensch sein eigenes Geheimnis vor sich selbst und vor anderen zu bewahren sucht. Jeder lebt von gelungenen Verdrängungen, bewahrt sich davor, alles, was in ihm steckt, sich selbst schonungslos klarzumachen. Jeder Mensch braucht Verhüllung – Bereiche seines (Da-)Seins, die anderen verborgen bleiben: ein gehütetes Geheimnis seiner Besonderheit und Eigenheit, auch seiner individuellen Verletzlichkeit, seines »Lindenblatts«. Enthüllung kann etwas Barbarisches enthalten: eine Entblößung, die einen entkleidet, existentiell nackt dastehen lässt. Schutzlos. Ausgeliefert. Seiner Scham entkleidet.

Insbesondere »jeder tiefe Geist braucht eine Maske« (Nietzsche). Alles übereinander wissen zu wollen, wäre nicht bloß zerstörerisch, sondern geradezu hybrid. Nicht umsonst sind Märchen und Mythen voll von Verhüllung – und voller von subtilen oder gewaltsamen Lüften gehüteter Geheimnisse.

Nur ein zur Scham fähiger Mensch sollte größere Verantwortung für andere tragen, damit nicht Unverschämtheit zum Normalfall wird – vorausgesetzt, wir Normalbürger wären bereit, unsere Repräsentanten weder blind zu heroisieren noch vorschnell zu verdammen. Aus geläuterter Selbsterkenntnis.

III.

Es gehört zentral zum Menschsein, sich selbst und andere nach Schuld und Schuldvermeidung zu befragen und nach neuer, Perspektive schenkender Entschuldung zu suchen. Um von Schuld sinnvoll reden zu können, bedarf es eines bestimmten Maßstabs, anhand dessen beurteilt wird, ob ein Handeln zuträglich und zulässig *oder* unzuträglich und unzulässig ist.

Von Schuld lässt sich nur sprechen, wenn man auch von der »Bestimmung des Menschen« spricht, vor der man zu bestehen hat und der man kaum ganz gerecht werden kann. In der »gefallenen Welt« gibt es vielleicht Vorbilder und herausragende Menschen, aber keine Heiligen, sofern jeder Mensch nicht nur durch Tun, sondern auch durch Unterlassen mitschuldig wird.

Worin aber liegt die Bestimmung des Menschen? Und wer legt sie fest? Schlüssig hat das Immanuel Kant beantwortet: »Die höchste Angelegenheit des Menschen ist, wie er seine Stellung in der Schöpfung gehörig erfülle und wisse, was man sein muss, um ein Mensch zu sein.« Die *einzigartige* Stellung des Menschen in der Schöpfung gegenüber allem anderen Geschöpflichem ist, *gehörig* erfüllen – und zwar von jedem Einzelnen! Nicht »die Menschheit« hat eine Bestimmung, sondern jedes einzelne mündige, kenntnisreiche, urteilsfähige Individuum. Angesichts des von Kant benannten Anspruchs kann man nur schuldig werden. Zugleich lassen sich viele Gründe benennen, warum man gar nicht in der Lage war, unschuldig zu bleiben. Wer von Schuld redet, hört auf, immer nur von Schicksal zu reden. Er redet zuerst von Verantwortung. Wer von Verantwortung redet, entschuldigt sich nicht flugs mit vermeintlichen Zwangsläufigkeiten, sondern trägt die Folgen seiner Handlungsfreiheit.

Wer von Schuld redet, geht also nicht von Determinierung oder göttlicher Vorsehung aus, sondern von Entscheidungsmöglichkeit: Es gibt verschiedene Optionen für menschliches Handeln, zwischen denen ein einzelner wählt beziehungsweise wählen *kann*.

Wer von Schuld redet, muss von einem *Maßstab* reden, der entweder naturrechtlich vorgegeben (Naturrecht) oder in einem geschriebenen Recht (positives Recht) kodifiziert ist. Das Recht braucht ein Reglement, um einen Verstoß gegen allgemein gültige Normen zu ahnden, zu sühnen oder zu vergeben – in einem zwischenmenschlichen, in einem juristischen oder in einem religiösen Sinne.

Vor Gericht gilt für jeden Angeklagten die Unschuldsvermutung. Und im Zweifelsfalle gilt der römische Grundsatz: »In dubio pro reo« – im Zweifel für den Angeklagten. Solch eine Unschuldsvermutung gilt indes nur in einem juristischen Sinne. Wer juristisch nicht schuldig ist oder aus Mangel an Beweisen nicht schuldig gesprochen werden kann, ist noch längst nicht unschuldig. Nicht alles, was legal ist, kann auch legitim genannt werden. Und ein Mensch ist längst noch nicht unschuldig, wenn er im strafrechtlichen Sinne als unschuldig gilt.

Jeder lebt in einem gesellschaftlichen Zusammenhang, einem Zeit-Ort, den er vor anderen und mit anderen zu verantworten hat. Würde der Mensch für alles zur Verantwortung gezogen, was er durch Tun oder Unterlassen (mit) zu verantworten hat, und würde man alles ahnden wollen, säßen alle im Gefängnis, selbst Richter und Gefängniswärter. Eine absurde Vorstellung!

Wenn Menschen in einem tyrannischen System unterdrückt worden sind oder schlimmes Unrecht erleiden mussten, so möchten sie meist gern, wenn solche Systeme enden, die Verantwortlichen zur Rechenschaft ziehen und müssen schmerzlich zur Kenntnis nehmen, dass das meiste im strafrechtlichen Sinne kaum zu erreichen ist oder dass sich Schuldige auf geschickte Weise zu entziehen verstehen, indem gerade diejenigen die rechtsstaatliche Rechtsprechung für sich nutzen, die einst das (Menschen-)Recht mit Füßen getreten hatten. Zudem berufen sie sich auf damalig geltende Gesetze, auf Befehle und ihre Gehorsamspflicht. Will ein Rechtsstaat seine eigenen Prinzipien nicht verraten, so muss er hinnehmen, dass Schuldige wie Unschuldige miteinander leben müssen, »als ob nichts gewesen wäre«. Das ist für Leidtragende eines diktatorischen Systems in der Regel sehr schwer zu ertragen.

Die Nagelprobe für den demokratischen Rechtsstaat besteht darin, ob er sein Recht auch für seine (einstigen) Feinde gelten lässt oder ob er selbst, aufgrund moralischer Urteile bzw. aufgrund verständlicher Gefühle von Menschen, seine rechtsstaatlichen Prinzipien aufs Spiel setzen will. Ein Rechtsstaat schafft keine Gerechtigkeit, sondern nur Recht. Alles andere führt wieder auf die Guillotine oder in diverse Säuberungsideologien. Für Leidtragende politischer Repressionen bleibt ein menschlicher Rest. Auf ihnen lastet viel Seelenschutt – es sei denn, ihnen persönlich gelingt ein »gnädiges Vergessen«, und das im Kontext einer nichts verschweigenden Erinnerungskultur. Was das heißt, haben uns Elie Wiesel, Yehudi Menuhin und viele andere knapp der Ermordung Entkommene vorgelebt.

IV.

Prinzipiell gibt es niemanden, der sich »unschuldig« nennen dürfte. Wir sind nur mehr oder weniger schuldig und bleiben einander nur mehr oder weniger etwas schuldig. Das kann als Relativismus missverstanden werden, meint indes nicht moralische Vergleichgültigung, wohl aber eine strafrechtliche Grenze und die Allgemeingültigkeit rechtsstaatlicher Prinzipien. Was strafrechtlich erreichbar ist, muss auch strafrechtlich verhandelt und behandelt werden. Vieles bleibt strafrechtlich nicht belangbar und deshalb für die Opfer bitter.

Es gibt einzelne Menschen, die aufgrund ihrer besonders tapferen Lebenshaltung herausragen und denen wir in einem eher bildlichen Sinne eine »heilige Unschuld« zusprechen. Das können fiktive literarische wie historisch-reale Figuren sein.

Ist nicht Dostojewskis Romanfigur Sonja die eigentlich Unschuldige, die ihr Leben für andere aufopfert und sich dafür missbrauchen lässt? Ist nicht die Schlüsselfigur in Wim Wenders' Film »Land of Plenty« eine Unschuldige – mitten in der traumatisierten, innerlich wie äußerlich kaputten Welt nach dem 11.9.2001? Und hat sie durch ihre so sanfte wie beherzte Art nicht geradezu etwas Erlösendes?

Und es gibt historische Leitfiguren, Vorbilder und »Heilige«, zu denen wir aufschauen, weil sie ihr Leben eingesetzt haben, damit die Schuld von anderen Menschen nicht noch größer wird: etwa der Heilige Martin, der Heilige Franziskus, Mutter Teresa und Martin Luther King, Albert Schweitzer und Dietrich Bonhoeffer, die Geschwister Scholl und ihre Freunde, Mitglieder der Roten Kapelle oder der Charta ´77.

Je näher wir dem Lebensweg all dieser Menschen kommen, desto mehr spüren wir, wie auch sie »Menschen von Fleisch und Blut« waren und teilhatten an der Schuld dieser Welt, ohne dass wir deshalb unsere Hoch-Achtung zu nivellieren bräuchten.

Verblendung, Verführung und Verstrickung gehören zu den vielen Verpuppungen menschlicher Schuld. Nahezu die ganze Weltliteratur stellt sich der Frage, wer schuld und wer unschuldig ist, wie es zu Verstrickungen kam, welche edlen Motive missbraucht wurden, welche zynischen Kalküle wirken, wer seinen Kopf aus der Schlinge ziehen konnte, wem ein gerechtes Urteil zuteil wird oder wem ein tragisches Schicksal widerfährt.

Selbst die idealistische Figur, die Friedrich Schiller in der Person des Marquisen von Posa geschaffen hat, verstrickt sich – in bester Absicht! – in Schuld, da sie ihrem großen Ziel, der Befreiung eines Volkes, mit zweifelhaften Taktiken, Finessen, Verstellungen, Verschwörungen samt allen menschlichen Irritationen und Instrumentalisierungen nahe zu kommen versucht.

Von Schillers idealistischer »Jungfrau von Orleans« führt der Weg zu Brechts sozialkritischem Stück »Die heilige Johanna der Schlachthöfe«. Brecht lässt sie in ihrem Testament die denkwürdigen Sätze sagen: »Sorgt, dass ihr, die Welt verlassend, nicht nur gut wart, sondern verlasst eine gute Welt.«

Johanna, Protagonistin der Heilsarmee, hatte erfahren müssen, dass Gut-Sein-Wollen nicht ausreicht, wenn man eine gute Welt will. Zugleich hat sie erleben müssen, dass das Gute nicht ohne Schuld durchzusetzen möglich ist und man andererseits die eigene Schuld nicht mit »historischer Notwendigkeit« sanktionieren kann.

V.

Ein Grundthema der christlich-jüdischen Tradition ist Sünde und Gnade, Schuld und Vergebung. Es geht vorrangig nicht um Verfehlungen, die im Einzelnen aus »moralischen« Gründen zu ahnden sind, sondern um das Zurückbleiben des Menschen hinter seiner Bestimmung, Imago Dei, also Gottes Ebenbild zu sein. Die beiden Fragen in den Urgeschichten fassen das auf eindringliche Weise zusammen: »Adam! Wo bist du?« und »Kain! Wo ist dein Bruder Abel?« So fragt der anthropomorph vorgestellte Gott, so fragt das richtende Gewissen.

Und Kain darf trotzdem weiterleben – mit dem Kainsmal.

In der Mitte des Vaterunsers steht die Bitte: »Und vergib uns unsere Schuld, wie auch wir vergeben unsern Schuldigern….« Wer den qualitativen Unterschied nicht mithört, hat wenig verstanden. Gott vergibt die Grundschuld. Wir erlassen Schulden.

Dahinter steht ein Menschenbild, das davon ausgeht, dass der Mensch verantwortlich ist. Wer verantwortlich ist, bleibt etwas schuldig oder kommt in Schuld – durch das, was er tut (und oft gar in bester Absicht), und durch das, was er nicht tut, sei es absichtlich, sei es durchs Abwägen der Kräfte und Möglichkeiten, sei es aus Sorge, einen größeren, schwer tragbaren Nachteil für sich oder seine Familie zu riskieren, ja ums eigene Leben bangen zu müssen.

Besonders alttestamentliche Geschichten sind voller Hintergründigkeit:

Ismael ist der Sohn der Nebenfrau Abrahams, während seine Frau Sarah unfruchtbar geblieben war. Er wird verstoßen und vertrieben, nachdem die greise Sarah doch noch den lange vergeblich ersehnten Sohn mit Namen Isaak bekommen hatte. Was kann Ismael dafür und was Isaak?

Jakob hat zwölf Söhne. Der liebste ist ihm Joseph. Es ist der Sohn der geliebten Rahel, die bei der Geburt ihres zweiten Sohnes sterben sollte. Sie nannte diesen Benonie, Sohn meines Unglücks. Aber Jakob nannte ihn Benjamin, Sohn des Glücks. Welche Schuld trägt einer mit sich, der weiß, dass durch seine Geburt die eigene Mutter sterben musste?

Die zehn Söhne der ungeliebten, aber gebärtüchtigen Lea sind mit Recht eifersüchtig auf den bevorzugten und verzärtelten Joseph. Instinktiv spüren sie zudem dessen (intellektuelle) Überlegenheit. Sie beschließen, den Bruder umzubringen. Dem Vater bringt man – scheinheilig – die blutigen Kleider als Beweis dafür, dass Joseph von wilden Tieren zerrissen worden sei. Jedoch hatte der älteste Sohn Ruben sich in Wahrheit *vor* der Schandtat besonnen und ihn als Sklaven nach Ägypten verkauft. Welch eine berührende Geschichte von Schuld und Versöhnung, Wiedersehen und Wiedergutmachung wird nach Jahrzehnten angesichts einer Hungersnot von Joseph und seinen Brüdern erzählt!

Welch ein verschlungener Weg zu den Fleischtöpfen Ägyptens, der alsbald zur Sklaverei für den ganzen Stamm, jenes kleine, so tüchtige Volk der Hebräer, werden sollte.

Welch eine Tat des wundersam aus dem Schilf geretteten Mose, der später einen Schinder seines Volkes erschlagen sollte. Welch ein Schuldgefühl lastet auf ihm, weil er gerettet worden war, wo so viele andere hebräische Neugeborene auf Pharaos Befehl ermordet wurden.

Was ist das für ein Siegeslied der Mirjam, gesungen, nachdem die ganze ägyptische Streitmacht vor den Augen der Israeliten ersäuft?

König David, der große Hoffnungsträger und Psalmensänger, Kriegs- und Weiberheld, lässt sich verführen und verführt die Bathseba. Sie weiß genau, was sie tut, wenn sie nackt unterhalb der Gemächer des Königs badet. Er schwängert sie und lässt den Ehemann Uria umbringen, nachdem dieser sich geweigert hatte, seiner Frau bei einem – durchschaubar gewährten – »Fronturlaub« beizuliegen. Herzergreifend jene Szene, als Nathan dem König in einem Gleichnis erzählt, wie einer, der sehr reich war, einem anderen, der nur »ein einziges kleines Schäflein besaß, das

Schäflein raubte«. Der ahnungslose König will gnadenlose Gerechtigkeit für dieses Unrecht und fragt Nathan: »Wer ist der Mann?« Nathan antwortet lapidar: »Du bist der Mann!« David muss es büßen – und er büßt es (2. Samuel 12). Der Psalm 51 wird David zugeschrieben – ein herzergreifender Bußpsalm: »Wasche mich rein von meiner Missetat und reinige mich von meiner Sünde, denn ich erkenne meine Missetat, und meine Sünde ist immer vor mir … Errette mich von Blutschuld, Gott, der du mein Gott und Heiland bist, dass meine Zunge deine Gerechtigkeit rühme. Schaffe in mir, Gott, ein reines Herz und gib mir einen neuen, beständigen Geist. Verwirf mich nicht von deinem Angesicht und nimm deinen heiligen Geist nicht von mir. Erfreue mich wieder mit deiner Hilfe und mit einem willigen Geist rüste mich aus.«

König David will später nicht von der Macht lassen, während sein Sohn Absalom ihn vorzeitig beerben will. Es sollte den Thronfolger das Leben kosten. Der Vater weint um Absalom. Lügen seine Tränen, oder trauert der Vater um seinen Ältesten trotz dessen Verrat?

Machtausübung wird in der Bibel stets als etwas Ambivalentes beschrieben, sobald die Macht die Mächtigen ergreift. Politisches Handeln bleibt selten ohne Schuld: Selbst die Befreiung kostet Menschenleben. Verantwortungsübergabe vollzieht sich nicht reibungslos. Mächtige verlieren das Maß.

Die Propheten bewegt die Frage, wie Schuld und Ergehen zusammenhängen. Ist alles, was Menschen an Unglück erleiden, eine Folge von Schuld? Die Propheten künden von einem Zorn Gottes, der »über alles Fleisch« hinwegfegt und nicht nur nach dem persönlichen Verschulden des Einzelnen fragt.

Es gibt den unbegreiflichen *Dies irae*. Schuld begegnet

auch als der soziale Zusammenhang, in dem der Einzelne *nolens volens* mitverantwortlich wird. Die Folgen werden kollektiv getragen, ohne dass dem Einzelnen eine konkrete Verantwortung zuzuweisen wäre.

Sind denn etwa alle Jerusalemer Einwohner schuld an einer verfehlten Politik, dass sie nun alle die Schleifung durch Nebukadnezar »verdient« hätten?

Vieles von dem, was ein Mensch erleiden muss, bleibt unbegreiflich, unerklärlich, ungeheuerlich. Doch immer suchen Menschen nach Erklärungen.

Das Buch Hiob gibt davon Zeugnis, dass es oft nur noch jenes herausgeschrieene WARUM? gibt. Gerade das Leiden, das keinen direkten Zusammenhang mit einer Verschuldung aufweist, wird zum Unbegreiflichen. Jedes noch so gut gemeinte Erklären gerät zur faktischen Lieblosigkeit gegenüber den Betroffenen. Die dunkle Seite Gottes (der *Deus absconditus*) lässt sich nicht wegerklären.

Den selbstgerechten, inquisitorischen Moralisten aller Zeiten ist ein Text ins Stammbuch geschrieben, der in der Bibel in eckigen Klammern steht, als später eingefügt gilt.

Männer wollen eine Ehebrecherin steinigen. Sie schleppen sie zu Jesus und erwarten den Schuldspruch. Da entgegnet er den Anschuldigern: »Wer von euch ohne Schuld ist, der werfe den ersten Stein.« Und dann schaut er nach unten und malt in den Sand. Sie verschwinden, einer nach dem anderen (Johannes 8).

Von einer besonderen Schuldverstrickung berichtet der Evangelist Johannes in seiner Version der Passionsgeschichte (Johannes 19). Der römische Prokurator Pontius Pilatus kommt in eine Zwickmühle, da er die Besatzergerichtsbarkeit vertritt und zugleich spürt, dass er in Jesus einen Unschuldigen vor sich hat, den er hinrichten soll. Er wäscht seine Hände in Unschuld, nachdem er vergeblich zum Mittel der Mitleidserregung gegriffen, den Gefangenen schwer zugerichtet und dem Volk vorgezeigt und gesagt hatte: »*Ecco homo*! Sehet, dieser Mensch!« Aber er löst bei einem aufgebrachten und aufgehetzten Pöbel nichts anderes als noch größere aggressive Empörung aus. »Kreuzige, Kreuzige!« Diese Sätze, von Juden ausgerufen, wurden wiederum jahrhundertelang mit Schuld belegt, indem man die Schuld an der Kreuzigung »den Juden« zuwies, nicht einer zum Geifermob gewordenen Menschenmenge überhaupt.

Pilatus weiß, dass er seine Hände nicht in Unschuld waschen kann, was auch immer er tut. Er wird schuldig. Aber schließlich geht es ihm um seine eigene Haut, um nichts anderes. Sehr menschlich. Er hatte die Macht geschmeckt, nicht zuletzt die Bitternis, selber Angst vor der kaiserlichen Macht haben zu müssen und so aus Angst Angst machen zu müssen.

Die beiden wohl berühmtesten Gleichnisse des Lukasevangeliums gehören eng zusammen: der barmherzige Samariter und der verlorene Sohn.

Beim barmherzigen Samariter (Lukas 10) wird gezeigt, wie Menschen durch Vorübergehen schuldig werden und wie der, der eigentlich ein übel Bescholtener, ein Unreiner und Unglaubwürdiger und Unwürdiger ist – ein Samaritaner –, das Nötige an dem unter die Räuber Gefallenen tut, wohl wissend, dass er nur Opferpflege leisten kann, keinen Räuberschutz. Konkrete Hilfe gibt er, ganz und gar. Er fragt nicht nur, *wer* der Nächste ist, sondern *wem* er unausweichlich zum Nächsten werden muss. Ein inneres Muss! – aus Mitleid, aus kreatürlichem Mitempfinden. In dieser Beispielgeschichte kommt es zu einem zentralen ethischen Durchbruch: Es geht um Schuld als verweigerte Hilfeleistung, nicht bloß um die Schuld eines begangenen Raubüberfalls. Dass es um aktive Gebots- und nicht bloß um

Verbotsethik geht, hat Martin Luther in seinem Bußkatalog von 1520 bereits festgeschrieben, in dem er die negativ formulierte Ethik des Dekalogs, der nur Grenzbestimmungen angibt, positiv anwendet und darlegt, dass es nicht nur darum ginge, nicht zu lügen, sondern die Wahrheit zu sagen, und denen, die lügen, in die Arme zu fallen etc.

Das Gleichnis vom verlorenen Sohn (Lukas 15) erzählt von verweigerter Barmherzigkeit durch den, der immer alles recht und gut tut. Es bricht eine Lanze für *den*, der aus eigenem Willen und eigener Schuld gefallen war und nun reumütig zurückkehrt. Der Vater will, dass er nicht zusätzlich gedemütigt wird, da er seine Verirrung und Verschuldung selbst erkannt und anerkannt hat. Er wird stattdessen aufgerichtet und mit Freude empfangen. Rückkehr als Heimkehr. Das ist für den stets treuen, redlich und fleißig zuhausegebliebenen Bruder wahrlich hart. Die Geschichte wird erzählt, weil wir uns meist wie der zurückgebliebene Bruder verhalten. Die Welt steckt voller unbarmherziger Rechthaber. In jedem steckt ein übergerechter Richter, einer, der sich selbst stets Unschuld oder bürgerliche Wohlanständigkeit zuschreibt. Ganz falsch wäre es, den zurückgebliebenen, redlich arbeitenden Bruder zu verdammen.

Die für die christliche Anthropologie zentrale Passage findet sich im Brief des Paulus an die Römer im 7. Kapitel. Der Mensch hat zwei Antriebe in sich. Er weiß im Innersten, was gut und richtig ist, und weiß, was zum Tode führt. Aber er tut nicht, was recht und gut ist. Das Wollen hat er wohl, aber das Vollbringen hat er nicht. »Der Geist ist willig, aber das Fleisch ist schwach.« Er lebt prinzipiell »im Widerspruch«. Doch der Mensch ist der Erlösung *bedürftig*, und er wird der Erlösung *gewürdigt*. Der Name für diese Los-Lösung ist Jesus Christus, der die Schuld für die anderen auf sich nimmt und die Schuld wegträgt; der

Versöhner wirkt als der Entsühnende, der noch am Kreuz seinen Peinigern vergibt, der nicht zurückschlägt, da er geschlagen wird, der segnet, da ihm geflucht wird. Wer sich Christ nennt, ist somit kein »guter Mensch« – schon gar kein »besserer Mensch« –, sondern ein Mensch, der in seiner Schuld um Gnade weiß, um sein Freigesprochenwerden, das zu neuem Handeln ermutigt und ermuntert. Davon verstehen die neuen Besserwisser nichts, die so unentwegt wie zynisch »Gutmensch«-Etiketten verkleben.

Sie dünken sich frei von Schuld, weil frei von Moralattitüden, die sie in Nietzsches Nachfolge als Grund des Übels ansehen.

Jedes Handeln bleibt ein ethisches Wagnis. Wer nicht handelt, dünkt sich leicht als unschuldig. Es geht in christlichem Sinne nicht um Un-Schuld, sondern um Frei-Spruch, nicht um Heilig-Sein, sondern um ein Gerechtgesprochen-Werden, das zum Tun in Gewissheit und Zuversicht verpflichtet, also zu einem Handeln mit getröstetem Gewissen. Martin Luther hat das auf einen treffend-tröstlichen Imperativ gebracht: »*Pecca fortiter, crede fortius*! Sündige kräftig, aber glaube noch kräftiger.«

VI.

Was Max Frisch 1947 in seinem Stück »Die chinesische Mauer« schrieb, lässt sich auch auf die Schuldfragen in der kommunistischen Diktatur übertragen: »Wer eine Tragödie überlebt hat, ist nicht ihr Held gewesen.« Wer in der Diktatur außerhalb des Gefängnisses geblieben ist, kann nicht unschuldig geblieben sein. Doch selbst der, der Opfer wurde, ist deshalb noch nicht auf ewig moralisch höherstehend. Er bleibt der Nach- und Fürsorge der anderen bedürftig. Verschonte müssen dessen Schicksal wahrnehmen, gegebenenfalls staatliche Wiedergutmachungsleistungen absichern. Achtung und Fürsorge ist so nötig, wie mahnende Erinnerung wachzuhalten wichtig bleibt.

Selbst das Opfer kann keine Sonderstellung beanspruchen, so dass aus dem Opferstatus ein Vergeltungsrecht herzuleiten wäre. Bisweilen nehmen Opfer eine »höhere Gerechtigkeit« für sich in Anspruch, die sie dazu zu legitimieren scheint, sich selbst über das Recht zu stellen, ohne ein Gespür dafür zu behalten, wie sehr sie unversehens ihren einstigen Gegnern gleichen. So wurden aus einigen faschistischen Vernichtungslagern, den KZs, nach 1945 sowjetische Zwangslager, in denen Schuldige und Unschuldige eingepfercht wurden. Die Gefängnisse in Guantanamo, Abu Ghraib oder Bagram produzierten mehr Terroristen, als sie abschrecken konnten.

Wer zu Anfang des neuen Jahrtausends lebt, wird allein durch seinen Energieverbrauch mitschuldig an der Zerstörung des Oikos. Jeder von uns konsumiert hochsubventionierte Agrarprodukte, kauft zugleich billige Blumen aus Übersee und Fleisch von Tieren, die nie einen Sonnenstrahl gesehen haben. Jeder hat zudem durch seinen ganz normalen Konsum teil an der Verarmung der Welt, an der Vernichtung von Urwald, an der Verkarstung von Mutterboden, am Rohstoffraubbau. »We feed the world« (2006) ist ein eindringlicher filmischer Aufschrei gegen »das Imperium der Schande«, wie der UNO-Sonderberichterstatter für das Recht auf Nahrung Jean Ziegler den Welthunger kennzeichnet. Wir! Die Bewohner des reichen Teils der Welt. »Die Wüsten wachsen. Weh dem, der Wüsten birgt«, schrieb Nietzsche am Ende des 19. Jahrhunderts.

Der dokumentarische Film »Let's make Money« legte atembraubend dar, wie internationale Geldjongleure alles zynisch-giererfüllt in den Orkus fahren lassen – noch bevor es real zu jener noch unabsehbaren Finanzkrise im Herbst 2008 gekommen war. Wer haftet, wer bekennt sich zu seiner (Mit-)Verantwortung und wer bezahlt »die Zeche«?

Anders sind Naturkatastrophen zu bewerten. Trägt denn jemand Verantwortung, gar Schuld an dem, was an Entsetzlichem an den Gestaden des Indischen Ozeans, in New Orleans, im Golf von Mexiko, in den Wäldern Russlands und am Indus in Pakistan geschah? Waren etwa die Fluten eine Art Sintflut, eine Sünd-Flut, oder die entsetzlich langen Trockenperioden andererseits eine Strafe für menschlichen Abfall, für menschliche Hybris?

Wer nach solcher Schuld fragt, fragt zugleich nach dem (verborgenen) Sinn des Sinnlosen. Dieses Un-Glück erklären zu wollen, da begibt man sich auf gefährliches Terrain. Man geht über die schuldlosen Opfer hinweg, indem man Trost durch Sinngebung für Sinnloses sucht. Das ist *nur* Unglück, es bleibt *nur* Trauer. Überlebende brauchen Beistand. Verschonte werden sich ihrer Verletzlichkeit bewusst. Vielleicht werden sie etwas demütiger und dankbarer für ihr Leben.

Besonders diejenigen fragen plötzlich nach Gott (»Wie konnte Gott das zulassen?«), die sonst nie nach ihm fragten. Immer wenn es ganz schlimm wird, muss Gott »ran«.

VII.

Unterschiedliche Tatbestände im Zusammenhang mit einer Schuld führen zu unterschiedlichen Umgangsweisen, die freilich miteinander verwoben bleiben. Stets ist Einsicht Voraussetzung für Überwindung.

Bestrafung: Man wird aufgrund einer rechtlich benennbaren, also in einem geschriebenen Gesetz fixierten, strafbaren Handlung in einem rechtsstaatlichen Verfahren bestraft, wobei *nach* dem Abbüßen dieser rechtmäßig verhängten Strafe im juristischen Sinne keine Schuld mehr vorliegt. Nach der Strafverbüßung muss auch Schluss sein. Im Übrigen gelten Verjährungsregeln.

Verleugnung: Man streitet seine Schuld ab, verschweigt, verschiebt, verdrängt sie.

Rechtfertigung: Man versucht, sein Tun zu entschuldigen, z.B. in der Selbstentschuldigung durch Umstände oder Herkünfte, durch Alternativlosigkeit oder Ausweglosigkeit. Man beteuert, man habe keine andere Wahl gehabt.

Bekennen – Vergeben – Versöhnen: Einer erkennt seine Schuld, gibt sie einer entsprechenden *Person* an einem entsprechenden *Ort* in einer entsprechenden *Weise* zu, bittet um Entschuldigung bzw. um Vergebung, und diese wird ihm gewährt. Ob konkret auferlegte religiöse bzw. soziale Bußleistungen Voraussetzung für Vergebung und Versöhnung sind, wird in der katholischen anders als in der evangelischen Kirche beantwortet. Die nach traditioneller katholischer Lehre geltende Stufenfolge für den angemessenen Umgang mit Schuld besteht in der *Contritio cordis – Confessio oris – Satisfactio operis*, also in der Zerknirschung des Herzens, im Bekenntnis in das Ohr (des Beichtvaters) und in der Vergebung der Tat, verbunden mit Bußleistungen.

Schuldigwerden in einem ethischen Sinne ist mehr und anderes als dies juristisch benennbar und erreichbar ist. Sind z.B. nicht *alle* schuldig geworden, die nach dem Judenpogrom am 9. November 1938 nicht laut protestierten? Und sind nicht *alle* schuldig geworden, die nicht mit gänzlich Unschuldigen ins KZ gingen, so wie dies Janusz Korczak getan hatte? Wer bei der Wehrmacht war und sich am Unternehmen »Barbarossa« auf Befehl beteiligt hatte, ohne der Ermordung der europäischen Juden entgegenzuwirken oder ohne sich am organisierten Widerstand zu beteiligen – wurde der nicht schuldig? Wer von uns Nachgeborenen will Vätern und Großvätern einen selbst-gerechten, moralisch radikalen Vorwurf machen? Nachträglich können wir ermessen, in welcher Einsamkeit die wenigen Widerständler lebten, welch breite Zustimmung der Nationalismus im deutschen Volk fand und wie scharf die Sanktionen gegen alle waren, die widersprachen oder widerstanden. Selbst die Märtyrer des 20. Juli sind durchaus ambivalente Personen, denn sie hatten fast alle Hitlers Kriege mit all ihren Fähigkeiten unterstützt, solange Erfolge zu verzeichnen waren. Auch sie hatten – fast alle – zu denen gehört, die sich hatten verblenden lassen.

Auch wenn das einfache Vergleichen der Dimension der Verbrechen unangemessen, ja unzulässig ist, so muss doch gefragt werden, was jeder einzelne in der DDR angesichts der tödlichen Schüsse an der deutsch-deutschen Grenze zu tun unterlassen hat – gewiss aus nachvollziehbarem eigenen Lebensinteresse.

Es gibt politische und persönliche Konstellationen, in denen wir nur *mehr* oder *weniger* schuldig werden können. Aus dem Gefängnis schrieb Dietrich Bonhoeffer 1942/43 in bestechender Klarheit:

»Wir sind stumme Zeugen böser Taten gewesen. Tatenloses Abwarten und stumpfes Zuschauen sind keine christlichen Haltungen. Den Christen rufen nicht erst die Erfahrungen am eigenen Leibe, sondern die Erfahrungen am Leibe der Brüder, um deretwillen Christus gelitten hat, zur Tat und zum Mitleiden.« Solidarisches Handeln erfordert ganz eigenen Mut. Nachfolgenden Generationen schreibt Bonhoeffer 1944 ins Taufbuch: »Ihr werdet nur denken, was Ihr handelnd zu verantworten habt. Bei uns war das Denken vielfach der Luxus des Zuschauers, bei Euch wird es ganz im Dienste des Tuns stehen.«

Bonhoeffer reflektiert die Zweideutigkeit allen Handelns, zumal unter extremen politischen Umständen, wo man sich ethisch zweifelhafter Taktiken bedienen und sich zugleich der Ambivalenz der guten Absicht immer bewusst bleiben musste:

»Wir sind mit vielen Wassern gewaschen, wir haben die Künste der Verstellung und der mehrdeutigen Rede gelernt. Wir sind durch Erfahrung misstrauisch gegen die Menschen geworden und mussten ihnen die Wahrheit und das freie Wort schuldig bleiben. Wir sind durch unerträgliche Konflikte mürbe oder vielleicht sogar zynisch geworden – sind wir noch brauchbar?« So fragt einer, der sich dazu durchgerungen hatte, konspirativ tätig zu werden und sich an den Vorbereitungen für den Tyrannenmord zu beteiligen. Ist die Ermordung eines – dieses! – Tyrannen ethisch zu rechtfertigen? Was ist die größere Schuld: den Massenmörder gewähren zu lassen oder ihn durch Tyrannen-Mord zu beseitigen?

Die Evangelische Kirche hat sich noch nach 1945 mit den Widerständlern des 20. Juli schwergetan (wegen des Brechens des Eides und eines weiterhin gebliebenen Odiums eines sog. Vaterlandsverrats). Die kirchlichen Repräsentanten haben nach 1945 lediglich die Schuld bekannt, »nicht brennender geliebt, nicht mutiger bekannt, nicht treuer gebetet, nicht fröhlicher geglaubt« zu haben. Und doch war das »Stuttgarter Schuldbekenntnis« von 1945 zu jener Zeit mutig, denn dieses Schuldbekenntnis wurde angesichts von Millionen deutscher Flüchtlinge aus dem Osten und angesichts der zerbombten Städte ausgesprochen.

Es klingt heute verharmlosend, selbst wenn diese Kirchenmänner aus der Bekennenden Kirche »mit großem

Schmerz« bekannt hatten: »Durch uns ist unendliches Leid über viele Völker und Länder gebracht worden.« Durch uns! Hier wird von Christen persönliche Verantwortung für das anderen Völkern zugefügte ungeheuerliche Leid übernommen. Welches Ausmaß die Verbrechen wirklich hatten, steht spätestens seit den Frankfurter Auschwitz-Prozessen (1963–66) allen vor Augen und bleibt letztlich unbegreiflich. »Die Banalität des Bösen« hatte Hannah Arendt ihr Eichmann-Buch genannt und darin die gespenstische Alltäglichkeit des Ungeheuerlichen beschrieben. Sowie eine Gehorsamsforderung das Gewissen ausschaltet, ist Gefahr im Verzug.

Weder die Rede von der Kollektivschuld der Deutschen, noch die gängige Selbstrechtfertigung, jeder Widerstand wäre dem Selbstmord gleichgekommen, trifft das Problem der moralischen Schuld *aller* durch Passivität oder durch gehorsamstes Mitläufertum. Mit dem Wissen über Vergangenes ist fernerhin alles präventiv zu tun, damit es nie wieder so weit kommt, dass »moralisch handeln *oder* leben« als Alternative steht.

VIII.

Immer wieder gibt es die – naiv genannte – Sehnsucht, die Welt neu anzufangen, endlich einmal unschuldig zu bleiben, anders als die Elterngeneration zu leben, mit seinen Kindern eine andere Welt zu schaffen, einen Versuch zu machen, unschuldig zu bleiben. Ingeborg Bachmann hat in ihrer Erzählung »Alles« ein solches scheiterndes Experiment beschrieben – bis sie zu der schmerzlichen Einsicht kommt, dass es keine Schuldlosigkeit, keine »heilige Einfalt« gibt.

Es gibt nur mehr oder weniger Schuld. Es gibt aktive

und passive, erkannte und unerkannte, rechtlich geahndete und rechtlos gerächte Schuld. Es gibt zugegebene und vergebene Schuld, die einen Neuanfang eröffnet. (Freilich hat die verfasste Kirche in Jahrhunderten dazu beigetragen, den Menschen niederdrückende Schuldkomplexe aufzuladen, um Herrschaft auszuüben.) Es gibt eine Schuld, die man sich selbst auflädt, indem man unter seinen Möglichkeiten bleibt und die mitgegebenen Gaben nicht (aus-)übt. Es gibt eine Schuld *gegen sich selbst*, wenn man seinen Körper, seine Seele und seinen Geist nicht pflegt. Es gibt eine Schuld gegenüber seinen *Mitmenschen*, gegenüber seinem sozialen Umfeld, dem politischen Kontext, indem man schweigt, wo man reden müsste, passiv bleibt, wo man handelnd eingreifen müsste, wo man Treiber und Getriebener in einem wird.

Es gibt die Schuld gegenüber der *Welt*, die der Aktionsraum unseres beherrschenden, verändernden oder erhaltenden Tuns ist. Es gibt eine Schuld gegenüber dieser Schöpfung, verwoben in das Prinzip Fressen oder gefressen werden, Herrschen oder beherrscht werden.

Es gibt schließlich die Schuld, die sich in unserem Gewissen meldet, wo wir der uns vorgegebenen Bestimmung nicht gerecht werden, wo wir nicht »Gott Gott sein lassen wollen«, sondern selber Gott werden: in Gottesanmaßung, in Gottesgleichgültigkeit oder in Gottesverachtung.

Es gibt Extremsituationen, in denen Friedrich Schillers zugespitzter Satz gilt: »Das Leben ist der Güter Höchstes nicht, der Übel Größtes aber ist die Schuld.« Wer in mörderischen Zeiten nicht bereit ist, selbst sein Leben zur Disposition zu stellen, hat nicht verstanden, worum es bei der Frage um Schuld oder Unschuld als Verlust von Menschsein durch die bloße Sorge ums eigene Überleben gehen kann. Welche Gratwanderungen dabei gewagt werden, das zeigen die Handlungsweisen von Kurt Gerstein und Oskar

Schindler. Ihnen beiden wurde ein literarisches Denkmal durch Rolf Hochhuth bzw. durch Steven Spielberg gesetzt. Wer sich Sophie Scholls Plädoyer unmittelbar vor ihrer Hinrichtung oder die Abschiedsbriefe von Männern des 20. Juli an ihre Ehefrauen und Kinder vor Augen führt, kann sich im Innersten nur tief verneigen. Niemand kann die Frage im Voraus oder im Nachhinein als Nachgeborener beantworten, ob er selber mit Anstand bestünde, wenn es um Entscheidungen über Tod und Leben ginge. Wer eine Tragödie überlebt hat, ist nicht ihr Held gewesen. Auch die »Diktatur des Proletariats« unter Führung der Allwissenheit, Irrtumsfreiheit und Allmacht beanspruchenden SED hat in der DDR viel aktive und passive Schuld hinterlassen.

Max Frisch, der als Schweizer die Frage nach der Schuld der Deutschen in mehreren Anläufen aufgeworfen hat, sieht das Besondere des Menschen darin, dass er die Wahl hat:

»Die Würde des Menschen besteht in der Wahl. Das ist es, was den Menschen auch vom Tier unterscheidet; das Tier ist stets nur ein Ergebnis; das Tier kann nicht schuldig werden, so wenig, wie es frei werden kann; das Tier tut stets, was es muss; und es weiß nicht, was es tut. Der Mensch kann es wissen, und sogar Gott, der Allmächtige, lässt ihm die Wahl, ob er seinen guten oder seinen bösen Engeln folgen will; weil Gott uns nicht als Tiere will. Erst aus der möglichen Wahl ergibt sich die Verantwortung; die Schuld oder die Freiheit, die menschliche Würde, die man manchmal gerne für das leichtere Dasein einer Möwe gäbe. Meine Freunde sagen: Es geht um die Freiheit, und damit meinen sie wohl auch das gleiche: die Freiheit als einen Teil der Würde. Warum verneinen wir gemeinsam die wirtschaftliche Ordnung, die herrschende? Weil sie einem Menschen oder einer Gruppe von Menschen oder der

Mehrzahl aller Menschen schlechterdings keine Wahl lässt; weil sie gegen die Würde des Menschen verstößt.«

Max Frisch sieht das Problem darin, dass die bisherige Denktradition den Menschen suggeriert, sie würden nicht schuldig, wenn sie sich selber nicht persönlich schuldig machen, ihr Dulden aber nicht als Schuld bewerten. Er notiert im Café Odeon: »Die Unmöglichkeit, sittlich zu sein und zu leben – oder man lässt eben beides im Halben ... Die Sittlichkeit, wie sie uns gelehrt wird, schließt immer schon die weltliche Niederlage in sich; wir retten die Welt nicht vor dem Teufel, sondern wir überlassen ihm die Welt, damit wir nicht selber des Teufels werden. Wir räumen einfach das Feld, um sittlich zu sein. Oder wir räumen es nicht; wir lassen uns nicht erschießen, nicht ohne weiteres, nicht ohne selber zu schießen, und das Gemetzel ist da, das Gegenteil dessen, was wir wollen...

Man kann darauf bedacht sein, das Gute durchzusetzen und zu verwirklichen, oder man kann darauf bedacht sein, ein guter Mensch zu werden – das ist zweierlei und schließt sich gegenseitig aus ... Die ganze Erziehung ... geht nicht dahin, dass wir uns wehren, wo immer gestohlen wird, und dass wir für das Gute, das die Kirche uns lehrt, kämpfen sollen.«

Diesen verwickelten Fragen haben sich große Dramatiker seit der Antike gestellt. Ich verweise auf Ödipus, Antigone, Kassandra, Medea, König Lear und seine Töchter, Wallenstein oder Brechts Stück »Der gute Mensch von Sezuan.«

Der verantwortliche Mensch ist der schuldfähige Mensch, ein Mensch, der es wagt, Schuld auf sich zu nehmen, indem er handelt, statt nichthandelnd »unschuldig« bleiben zu wollen. Indes ist die Welt voll von unschuldigen Beschuldigern, die selber niemals handeln, aber für sich selber genau wissen, was die Handelnden tun müssten, obwohl sie sich selber den Zwängen des Handelns wohlweislich nicht aussetzten.

Sonntagsredner wie bloße Kommentatoren des Geschehens haben stets wohlfeile Urteile und Vorschläge für politisch Handelnde parat, ohne sich vorzustellen, wie sie selber die Nagelprobe konkreten Handelns einschließlich der Zwänge und Versuchungen der Macht bestünden.

Zum Menschsein gehört sein Schuldigwerden. Barmherzigkeit hat für Christen in Christus ihren Grund. Jeder Selbstruhm ist ausgeschlossen; aber in Christus ist das JA und kein NEIN über den Menschen ausgesprochen (vgl. 2. Kor. 1,18–20).

Vergebung, Gnade, Versöhnung sind unverzichtbare Ermutigungen für das Neu-Anfangen-Können von Schuldiggewordenen – ob in einem zwischenmenschlichen oder gesellschaftlichen Zusammenhang. Wer die Bitte »Vergib uns unsere Schuld, wie auch wir vergeben unsern Schuldigern« aus ganzem Herzen mitsprechen kann, ist *von* Selbstüberhebung frei, wie er *zur* Selbsterkenntnis frei wird. Wer das Niederdrückende selbst hinter sich lassen konnte, wird frei, am Entschulden anderer mitzuwirken.

Gewissen schärfen

Die strikte Berufung auf das Gewissen des einzelnen durch Martin Luther im April 1521 in Worms hat europäische Geschichte geschrieben, Wirkungsgeschichte eines freien Individuums vor dem Tribunal Gehorsam fordernder Institutionen.

Den Scheiterhaufen des Jan Hus vor Augen (samt dem seinerzeit zynisch gebrochenen Versprechen eines freien Geleites) tritt Luther vor Kaiser, Reich und Kurie, wird zum Widerruf gegen seine Überzeugungen mit allen Attitüden der Macht gedrängt, steht ganz allein da, steht tapfer für seine aus der Heiligen Schrift gewonnene Erkenntnis ein. Die Basis seiner Entscheidung lässt sich zentral als »Stimme des Gewissens« interpretieren, die seither geradezu normgebend wirkte: »Da mein Gewissen in den Worten Gottes gefangen ist, kann und will ich nichts widerrufen, weil es gefährlich und unmöglich ist, etwas gegen das Gewissen zu tun. Gott helfe mir. Amen!«

Um die Dramatik des Geschehens auch rhetorisch zu vollenden, hat man Sätze hinzugefügt, die Luther zwar nicht gesagt, aber in seiner couragierten Haltung zum Ausdruck gebracht hat.

»Hier stehe ich. Ich kann nicht anders …«

(Wer 800 Kunststoff-Zwerge auf dem Wittenberger Marktplatz als Kunstaktion aufmarschieren lässt, sie mit der Botschaft »Hier stehe ich« versieht, nimmt der Sache den Ernst, den Inhalt und die persönliche Dramatik. Wofür steht er und wofür steht er mit welchem Risiko ein? Und wofür stehen *wir* ein, statt diesen zum Lutherbotschafter erklärten Leichtgewicht-Kunststoff-Zwerg in grün, rot, blau und schwarz dastehen zu lassen – im Garten, im Flur, in der Ecke oder wo sonst?)

Eine Rückbindung setzt in Freiheit, erlöst geradezu von der kreatürlichen Angst, gibt Mut, selbst das eigene Leben für eine gewissensgeprüfte Überzeugung aufs Spiel zu setzen. Es ist die Gewissensbindung eines Einzelnen, der – ganz auf sich und seinen Gott gestellt – handelt, der wohl nicht mit gutem, umso mehr aber mit getröstetem Gewissen lebt, denkt, wirkt. Das getröstete Gewissen verleiht gewissermaßen tiefe innere Gewissheit.

Martin Luther hat die Einsicht gewonnen, dass das Gesetz doch nur Angst und böses Gewissen schafft; »ein friedloses Herz und ein ängstliches Gemüt«, wie er das ausdrückt.

Solange ein Über-Ich-Gesetz wirkt, bleibt der Mensch in permanenter Angst. Da hilft das freisprechende Wort und eine geschenkte Gewissheit, die in innere Freiheit versetzt, zu äußerem Handeln befähigt und ermutigt. Karl Marx mokierte sich später darüber, indem er Luther vorwarf, die äußeren Ketten zwar abgeworfen, aber dann desto stärkere innere angelegt zu haben.

Luther formuliert seine Gewissens-Freiheit biblisch: »Wenn wir darum gefangen, betrübt und gänzlich verzweifelt sind, dann geht das Licht des Evangeliums auf und spricht: ›Fürchtet euch nicht, tröstet mein Volk, tröstet die Verzagten.‹«

Das Gewissen ist nicht bloß ein »innerer Gerichtshof«, sondern zugleich eine tröstliche Bindung an das, was zur tragenden Gewissheit geworden ist. Daraus wachsen Mut und Zivilcourage als praktische Ausübung von Gewissensfreiheit – als eine Freiheit, die sich ganz des eigenen Denkens, Urteilens, Entscheidens zu bedienen versteht.

Für Luther geht es um das fröhliche und getröstete Gewissen eines Menschen, der getrost *gemacht* worden ist. Ein »gutes« oder »schlechtes« Gewissen wäre dagegen ein bloß moralischer Gradmesser.

Wer immerfort um ein gutes moralisches Gewissen besorgt bleibt, lebt mit einem geradezu verwirrten Gewissen – in Dauerangst vor Strafe. Gott dürfe man indes nicht zu einem »Wucherer und Kaufmann« machen, der seine Zuwendung von der Summe unserer guten Werke abhängig machen würde, betont Luther in vielen Variationen. Gnade ist göttliche Vor-Leistung, nicht das Resultat menschlicher Leistungen.

Aus innerer Gewissheit hatte er im Dezember 1520 die päpstliche Bulle samt Kanonischem Recht, aufgrund derer er hätte verbrannt werden können, vor aller Öffentlichkeit dem Feuer überantwortet. Ein symbolischer Akt der Befreiung! Er machte kaputt, was kaputtmacht.

Er beteuerte, dass er als getaufter Christ und geschworener Doktor der Heiligen Schrift, als täglicher Prediger verpflichtet gewesen sei, verführerische und unchristliche Lehre zu vertilgen, sofern »mein Gewissen genugsam verständigt ist und mein Geist mutig genug von Gottes Gnaden erweckt« wurde. (Er ahnte nicht, wie problematisch spätere Bücherverbrennungen wurden.)

Um eine an der Heiligen Schrift geprüfte Gewissensverständigung ging es Luther sein Leben lang und darum solle es einem jeden Christen gehen, wohl wissend, dass das Gewissen, für sich selbst genommen, als eine im Menschen natürlich angelegte Instanz (griech.: *syneidesis* = das Mitwissen um sich selbst), durchaus sehr verschieden füllbar, so führbar wie verführbar bleibt. Eine Gewissensentscheidung braucht Kriterien, an denen sich konkrete Entscheidungen überprüfen lassen und sie muß in das praktische Leben hineinwirken. Was wir heute Zivilcourage nennen, ist entschlossenes Handeln gemäß der Stimme des Gewissens. Die »Allgemeine Erklärung der Menschenrechte« von 1945 – ein Reflex auf nationalsozialistischen Staatsterror – geht von einem natürlichen, vorjuristischen Rechtsempfinden des Menschen (Naturrecht) aus, das in Konflikt mit geschriebenem Recht treten kann (positives Recht), wobei ein waches Gewissen letztlich handlungsleitend sein muss.

Dietrich Bonhoeffer, der als einer der ganz wenigen Deutschen sehr frühzeitig erkannte, welches Unheil mit Hitler über Deutschland und die Welt kommen würde, hat in seinen Gefängnisbriefen – veröffentlicht unter dem Titel »Widerstand und Ergebung« – über die Gewissensbindung nachgedacht. Insbesondere bei uns Deutschen sei das Gewissen mit der Gehorsamsforderung in Konflikt geraten. Einer bloßen Bindung an Beruf und Eid (Loyalität) stellt Bonhoeffer das entgegen, was er selber als Mitverschwörer gegen den Tyrannen praktiziert: gewissensgeprüfte Zivilcourage, die nur aus der freien Verantwortung des freien Menschen erwachsen könne. »Die Deutschen fangen erst heute an zu entdecken, was freie Verantwortung heißt. Sie beruht auf einem Gott, der das freie Glaubenswagnis verantwortlicher Tat fordert und der dem, der darüber zum Sünder wird, Vergebung und Trost zuspricht.«

Ein *reines* Gewissen kann nur behalten, wer nie handelt und wer sich über das, was in seiner Welt-Zeit geschieht, keine eigenen (bisweilen durchaus quälenden) Gedanken macht. Er lebt relativ konfliktfrei, indem er sich der persönlichen Verantwortung für jedwedes Tun und Lassen entzieht und sich stets auf ein von anderen vorgegebenes »Müssen«, auf Notwendigkeit oder gar Determinierung beruft. Der polnische Aphoristiker Lec̆ hat eine solche Lebenshaltung in den schlagenden Satz gebracht: »Er hatte ein reines Gewissen. Er benutzte es nie.«

Immer wieder haben sich Menschen aufgerichtet an anderen, die den Mut hatten, die Stimme ihres Gewissens stark werden zu lassen, unter Gefahr für Leib und Leben: Der Prophet Nathan vor König David. Der Prophet Jeremia am Tempeltor. Sokrates vor »den Gesetzen«. Jesus vor Pilatus.

Paulus vor dem Hohen Rat. Hus vor dem Konzil in Konstanz. Später dann in Deutschland jene tapferen Frauen und Männer des Kreisauer Kreises, der Weißen Rose, der Roten Kapelle, der Attentäter des 20. Juli – bis hin zu Andrej Sacharow, Lew Kopelew, Albert Einstein, Joseph Oppenheimer und Mordechai Vanunu oder den 100 befehlsverweigernden israelischen Piloten. Der türkische Schriftsteller Orhan Pamuk bekommt 2005 den Friedenspreis des Deutschen Buchhandels – wie 16 Jahre zuvor Václav Havel für seinen »Versuch, in der Wahrheit zu leben,« um *im* eigenen Land *dem* eigenen Land den kritischen Spiegel vorzuhalten, stets das Gefängnis riskierend. Colin Powell hat dreißig Monate nach seinen Falschaussagen vor der UNO, die einen Krieg rechtfertigen sollten, diesen »Schandfleck« in seiner Laufbahn zugestanden. Spät. Zu spät. Die Rosenbergs und Klaus Fuchs sahen ihren Verrat von Atomgeheimnissen an die Sowjetunion als ihre »Friedenspflicht« an. Der Kalte Krieg trübte *allen* den klaren Blick.

2010 bekommt David Grossmann den Frankfurter Friedenspreis – ein Botschafter des Friedens, der seinen Sohn im Libanonkrieg verlor.

Ein gewissengeleitetes Leben ist der beständige Versuch, in der Wahrheit, gegen die Lügen zu leben, Wahrhaftigkeit einzuüben. Das Gewissen ist und bleibt eine beurteilende, eine warnende, eine einschärfende Stimme der *mit*menschlichen Vernunft in uns. Sie kann erlahmen, erlöschen und irregehen. Sie kann klären, lenken und erleuchten. Immanuel Kant schrieb: »Das Gewissen ist das Bewusstsein eines inneren Gerichtshof im Menschen, vor welchem sich seine Gedanken einander verklagen oder entschuldigen.«

Das Gewissen sei dem menschlichen Wesen einverleibt, »es folgt ihm wie ein Schatten, wenn er zu entfliehen gedenkt. Er kann sich zwar durch Lust und Zerstreuung betäuben oder in Schlaf bringen, aber nicht vermeiden, dann und wann zu sich selbst zu kommen oder zu erwachen, wo er alsbald die furchtbare Stimme desselben vernimmt. Er kann es in seiner äußersten Verworfenheit allenfalls dahin bringen, sich daran gar nicht mehr zu kehren, aber sie zu hören, kann er doch nicht vermeiden.« Gewissenlosigkeit ist nach Kant nicht ein Mangel an Gewissen, sondern der menschliche Hang, sich am Gewissensurteil einfach nicht zu kehren.

Es ist dem Menschen zuzumuten und zuzutrauen, dass sich Gewissen in ihm regt. Keiner kann sich davon dispensieren, dass es *in ihm* eine solche Anlage gibt. Es gehört zum verantwortungsbereiten Menschsein, diese Anlage nicht zu unterdrücken, den Mut aufzubringen, das Gewissen sprechen zu lassen und ihm auch in schwierigsten Konfliktsituationen – rechtzeitig! – zu folgen.

Es geht nicht nur darum, *rückblickend* Schuld zu erkennen oder in einer *aktuellen* Herausforderung sich in seiner (Lebens-)Entscheidung vom Gewissen beraten zu lassen, sondern auch darum, *präventiv* zu denken.

Auf absehbare Zukunft hin haben wir alle durch unser Tun und Lassen zu verantworten, was aus dieser Erde wird, wenn wir zugunsten kurzfristiger ökonomischer Vorteile diese wunderbare Schöpfung verbrauchen, vernutzen, vernichten. Hunger grassiert, ABC-Waffen werden weiterverbreitet. Eine »Heuristik der Furcht« sei als Handlungsmotivierung angesagt, meinte Hans Jonas. Es bedarf eines enkelverträglichen Denkens und Handelns auch gegen Mehrheiten. »Nur wer gegen den Strom schwimmt, kommt zur Quelle.« (Lec̆)

Auf *jede(n)* kommt es an, nicht auf *alle*, solange alle sich hinter allen verstecken, ohne ganz sie *selbst* zu werden: mit Gewissen begabte Individuen, die sich als verträgliche Glieder einer Gemeinschaft in stetigem Kampf für Freiheit und Würde bewähren.

Regeln suchen

In der gigantischen Finanzkrise schlägt das Virtuelle mit aller Wucht aufs Reale. Die Gier hat Strukturen und ergreift Personen. Die Marktideologie hat ideelle Wurzeln, die nun gänzlich entblößt sind. Was der Wanderprediger aus Nazareth uns vor 2000 Jahren ins Stammbuch geschrieben hat, hat unmittelbare Bedeutung für unser Denken und Tun. »Was hülfe es dem Menschen, wenn er die ganze Welt gewönne und nähme doch Schaden an seiner Seele (also seinem innersten Kern)?« – ein entscheidender Einspruch gegen eine uns innewohnende Gier nach Macht und Reichtum – genauso wie die Widerrede Jesu in der Wüste auf die Versprechungen des Versuchers. Dass man nicht Gott *und* dem Geld (Mammon) dienen kann, liegt auf der Hand, ist aber der gängige Götzendienst des neoliberalen kapitalistischen Weltsystems. Gegen einen ungebremsten Maximierungsglauben, der geradezu eine Erlösungs- und Sinngebungsfunktion hat, steht das Gleichnis vom reichen Kornbauern. Gegen das System einer gnadenlosen Leistungsgesellschaft, steht das Gleichnis von den Arbeitern im Weinberg: jeder soll bekommen, was er zum Leben braucht. Gegen die Teilnahmslosigkeit der Reichen (sowie aller Gewinner) steht das Gleichnis vom armen Lazarus. Das Gleichnis von den anvertrauten Pfunden wird falsch interpretiert, wenn man die Bildebene zur Realebene macht und eine Rechtfertigung unserer Zinswirtschaft herausliest. Vielmehr soll jeder Mensch mit den ihm anvertrauten Gaben aktiv leben, zum Wohle des Ganzen, durchaus auch zu seinem eigenen Vorteil. Aus der *Beschreibung* der Welt, in der dem noch dazugegeben wird, der etwas hat und dem Armen auch noch genommen wird, was er hat, darf keine *Lebensregel* gemacht werden. »Unser täglich Brot gib uns heute« – das meint das täglich zum Leben Notwendige, ganz sicher nicht die tägliche Aktienrendite.

Plötzlich riefen ausgerechnet bisherige Ideologen des freien Marktes nach dem Staat. Die »Heuschrecken« stehen nackt da – nein, sie lassen andere nackt dastehen, denn persönlich muss noch keiner haften oder gar in Haft. Die Manager haben längst vorgesorgt. Ihnen geht's nicht ans Fell; ihr Fell ist so dick wie ihr finanzielles Polster. Dass Geld allein arbeiten könnte und damit Unsummen verdient werden, erwies sich als welt-gefährliche Illusion. Wenn sich das Geld von der Realwirtschaft und deren Wertschöpfungssteigerung gänzlich ablöst, wird der weltweiten Spekulation verantwortungslos Tor und Tür geöffnet. Wo Gewinn alles wird, verliert der Mensch – auch sich selbst. Wo alles das als wert-voll gilt, was sich in Geld ausdrücken lässt und alles Warencharakter bekommt, wird auch der Mensch zur Ware, zu einem Kostenfaktor oder zu einem Leistungsträger. Die aus puren Renditegründen »Freigesetzten« stehen Mächtig-Reichen machtlos gegenüber. Öffentliche Güter werden zunehmend gewinnorientiert privatisiert und dem Gemeinwesen bleibt das, was nur kostet.

Was ist das für eine Welt, wo plötzlich hunderte Milliarden vom Staat »locker« gemacht werden, während wenige Milliarden für die Welthungerhilfe, für Afrika oder für dringendste globale Klimaprogramme nicht zur Verfügung stehen! Erstaunlich, wie bereits vor 500 Jahren Martin Luther schrieb: »Es schickt sich nicht, dass einer aufgrund der Arbeit des anderen müßig gehe, reich sei und gut lebe, während ein anderer übel lebt, wie jetzt der verkehrte Missbrauch ist. Denn Sankt Paulus sagt: ›Wer nicht arbeitet, soll auch nicht essen.‹ Es ist niemandem von Gott verordnet, von den Gütern der anderen zu leben.« Jeder solle arbeiten. Man wird heute hinzufügen müssen: Jeder soll Arbeit finden, von der er auch leben kann, statt sich alimentieren lassen zu müssen.

Niemand dürfe durch die Arbeit anderer so reich werden oder sein, dass er seinerseits nicht mehr arbeiten muss, während »Arbeitnehmer« übel ihr Dasein fristen. Es geht um den gerechten Lohn und die faire Verteilung des erzielten Gewinns. Der Wittenberger Mönch wollte keineswegs den größten Wirtschaftszweig – wie er sagte: den Handel – vernichten, sondern, dass nicht verderbliche Sitten durch den Handel ins Land kommen. Das größte Unglück »ist gewiss das Kreditwesen. Wenn das nicht wäre, müsste mancher seine Seide, Samt, Goldstickerei, Spezerei und allerlei Prunkwerk ungekauft lassen ... fürwahr, das Kreditwesen muss ein Symbol und Anzeichen dafür sein, dass die Welt mit schweren Sünden und dem Teufel verkauft ist, dass es uns zugleich an irdischem und geistlichem Gut gebrechen muss. Dennoch merken wir nichts.« Wer denkt da nicht an heutige Kommunalfinanzen sowie den horrenden Schuldendienst aufgrund der Staatsverschuldung? (Jeder Deutsche hat etwa 21.000 Euro Schulden. Jeder!) Was Luther geißelt, ist durchaus vergleichbar mit der dubiosen Praxis, wo zu Zeiten der »New Economy« Aktienkäufe durch Kredite finanziert wurden, um ohne eigenes Kapital schnelle Gewinne zu machen. Inzwischen gibt es dubiose »Leerverkäufe«. Das alles entspräche den Lehen auf Kreditbasis vor 500 Jahren. Durch den Kurssturz an den Aktienmärkten ging das eingesetzte, kreditfinanzierte Kapital verloren, die Schulden aber gegen den Kreditgeber bleiben ohne Gegenwert als Sicherheit. Inzwischen sind Spekulationen und Leerverkäufe mit Schuld am finanziellen Desaster Griechenlands. Die weltweite Immobilienspekulation erweist sich als riesige finanzielle Luftblase, die zum Platzen gekommen ist. Das kann damals wie heute ins Unglück führen, dem Missbrauch, der Habsucht und dem Elend Tor und Tür öffnen. Gemeinwesenverantwortung mit Regeln und deren Kontrolle muss auf dem Kapitalmarkt national und international Platz greifen, statt hohe und schnelle Rendite über alles zu stellen. Gier frisst letztendlich alles und alle auf. Der großenteils dokumentarische, aufrüttelnde Film »Lets make money« kam kurz vor der internationalen Finanzkrise in die Kinos. Der Crash war eigentlich absehbar gewesen.

Luther hatte bereits 1524 gefordert, den Fuggern und dergleichen Gesellschaften einen Zaum ums Maul zu legen. Er weist auf den Widerspruch hin, dass die einen in einem überschwänglichen Überfluss in Bezug auf Aufwand, Kleider und Repräsentation leben, während die anderen mehr und mehr verarmen. »Man muss wissen, dass zu unseren Zeiten (von denen schon der Apostel Paulus angekündigt hat, dass sie gefährlich sein werden) die Habsucht und der Wucher in der ganzen Welt nicht nur furchtbar eingerissen sind, sondern auch gewagt haben, sich Deckmäntel zu suchen, worunter sie für recht und billig gehalten werden und ihr böses Tun ungehindert ausüben können. Dabei ist es beinahe dahingekommen, dass wir das Heilige Evangelium für nichts achten. Deshalb ist es in dieser gefährlichen Zeit für einen jeden Menschen nötig, sich vorzusehen und »in den Angelegenheiten der zeitlichen Güter mit der richtigen Unterscheidungskraft vorzugehen und aufmerksam auf das heilige Evangelium unseres Herrn Jesus Christus zu achten.«

Das Problem hat sich längst globalisiert. Kriege werden rund um den Globus geführt – wegen mörderischen Gewinnstrebens und Ressourcenkampfes. Was zu Luthers Zeiten noch recht harmlos wirkt, wird heute eine geradezu weltumspannende Gefahr und zu einer um den Erdball herumfloatenden Ungerechtigkeit. »Lassen wir alle anderen Weisen beiseite und nehmen uns den Kauf vor, besonders den Zinskauf (also die Kapitalanlage in Hypotheken), weil er besonders hervorsticht als eine Methode, wie man ohne Sünde andere Leute belasten und ohne Sorge oder Mühe reich werden kann. Denn bei den anderen Geschäftsmethoden steht ein jeder selber vor Augen der Öffentlichkeit. Obwohl Zinskauf jetzt als ein erlaubter Kauf und zugelassener Handel bestätigt ist, ist er doch aus vielen Gründen verdammenswert und menschenfeindlich.« Wie prophetisch! Beim Darlehensgeschäft sieht Luther, wie damit nur Sicherheit, Habsucht und Wucher gesucht werden. »O, wie viele Städte, Länder und Leute müssen Zins zahlen, denen man längst schuldig gewesen wäre, noch Geld dazuzugeben…

Mich wundert, dass bei solchem unermesslichen Wucher die Welt überhaupt noch steht.«

Verantwortung übernehmen

I.

Zu den ältesten biblischen Überlieferungen gehört die sogenannte Jothamfabel – eine Warnung davor, sich vor politischer Verantwortung zu drücken und das Machtgeschäft schließlich dem Gewissenlosen zu überlassen.

»Höret mich, ihr Männer von Sichern, dass euch Gott auch höre.

Die Bäume gingen hin, um einen König über sich zu salben, und sprachen zum Ölbaum: ›Sei unser König!‹

Aber der Ölbaum antwortete ihnen: ›Soll ich meine Fettigkeit lassen, die Götter und Menschen an mir preisen, und hingehen, über den Bäumen zu schweben?‹

Da sprachen die Bäume zum Feigenbaum: ›Komm du und sei unser König!‹

Aber der Feigenbaum sprach zu ihnen: ›Soll ich meine Süßigkeit und meine gute Frucht lassen und hingehen, über den Bäumen zu schweben?‹

Da sprachen die Bäume zum Weinstock: ›Komm du und sei unser König!‹

Aber der Weinstock sprach zu ihnen: ›Soll ich meinen Wein lassen, der Götter und Menschen fröhlich macht, und hingehen, über den Bäumen zu schweben?‹

Da sprachen alle Bäume zum Dornbusch: ›Komm du und sei unser König!‹

Und der Dornbusch sprach zu den Bäumen: ›Ist's wahr, dass ihr mich zum König über euch salben wollt, so kommt und bergt euch in meinem Schatten; wenn nicht, so gehe Feuer vom Dornbusch aus und verzehre die Zedern Libanons.‹«

(Richter 9, 7b–15)

In dieser Fabel werden mehrere, geradezu archaische Dilemmata sichtbar:

Herrschaft muss sein. Notgedrungen. Herrschaft der *vielen* gebiert Chaos; Herrschaft des *einen* Diktatur. Diejenigen, die etwas Vernünftiges für die menschliche Gemeinschaft mit einer gewissen Glückserfüllung und zur Beschränkung auf einen umgrenzten Lebensbereich tun können, möchten sich nicht die Hände schmutzig machen mit der »großen« Politik. Sie wollen nicht verantwortlich werden für das, was aus dem Ganzen wird, sondern das Einzelne – gut, redlich, kompetent, erfolgreich – regeln. Das ist zunächst so richtig wie verständlich, und doch auch gefährlich, wenn schließlich das politische Geschäft, also die Macht im Gemeinwesen, denen überlassen wird, die daran ihre reine Lust haben, wo Macht zur Gewalt gegen die Anbefohlenen wird – statt zur Verantwortungsübernahme als Für-Sorge nach für alle geltenden Regeln.

Macht ist eine der »menschlichen Drogen«. Jeder, der sie einmal geschmeckt hatte, hat es schwer, von ihr zu lassen. Je länger er sie hatte, desto schwerer wird ihm/ihr das Loslassen. Die Menschheitsgeschichte ist voll von Ablösungstragödien – von König David über Alexander den Großen bis zu Helmut Kohl.

Andere verstehen es, die in ihrem Amt gewonnene Autorität weiterhin in das Leben der Gemeinschaft – als »Autoritätsperson« ohne Amt – einzubringen, zumal dann, wenn sie das Amt getragen haben und nicht nur das Amt sie getragen hat. Ich nenne Richard von Weizsäcker, Nelson Mandela, Jimmy Carter und Helmut Schmidt.

II.

Der Mensch definiert in jeder Generation neu – und zugleich mit den Erfahrungen der vorangegangenen Generationen – sein Verhältnis zu sich selbst, zu den anderen und zu der ihn umgebenden *Welt*.

Wir sind Naturwesen. Wir sind Sozialwesen. Jeder ist ein unverwechselbares Subjekt.

Wir sind, was unsere biologische *Herkunft* aus uns gemacht hat, was unsere soziale *Umwelt* aus uns gemacht hat und was *wir selbst* aus uns gemacht haben. Im glücklichsten Falle kommt es zu einem Fließgleichgewicht zwischen allen drei Faktoren; dann wächst die Verantwortung; Fähigkeit drängt auf Bereitschaft.

Die Beziehungen von uns Menschen zueinander strukturieren sich zunächst aufgrund unserer natürlichen Mitgift aus den Tierweltinstinkten gemäß den Gesetzen der Horde, in der es im »Kampf ums Dasein« Über- und Unterordnungen in eingespielten Hackordnungen gibt. »Leithammel« sagen wir deshalb, auch »Leitwolf« oder »Leitbulle«. In archaische Muster zurückzufallen, ist stetige Gefahr jeder Zivilisation, die sich aus dem bloß Instinktgebundenen gelöst und sich eigene menschliche Codices gegeben hat. Regeln des Zusammenlebens sind häufig das Extrakt jahrhundertelanger Erfahrungen. Das moralische »Über-Ich« ist freilich meist männlich bestimmt. Regeln bilden Barrieren gegen die Barbarei.

Zur menschlichen Zivilisation gehört es, dass es Rechte und Pflichten für alle gibt – sowohl als überlieferte Konventionen als auch als kodifizierte Gesetze, die in einem Staatswesen auch mit »Macht und Recht« durchgesetzt werden. (Die Zehn Gebote bündeln lebensgefährliche und lebensdienliche Erfahrungen in einem Gemeinwesen und verwandeln diese in individuelle Verpflichtungen.) Jede menschliche Gemeinschaft braucht Struktur. Sie braucht geregelte Zuständigkeiten, braucht Ein-, Über- und Unterordnung. Und sie braucht Verantwortung aller Einzelnen und Verantwortung aller fürs Ganze.

Was einer tut oder unterlässt, muss er vor anderen verantworten – was bedeutet, einem anderen gegenüber Rede und Antwort zu stehen. Im Englischen heißt Verantwortung *responsibility*: Antwort geben!

Wer in einer menschlichen Gemeinschaft die Führung übernimmt, muss dies als Verantwortlicher für die Geführten tun. Zugleich muss ihm diese Last durchaus auch zu einer Lust werden. Menschen wollen und brauchen Führung von Menschen, die etwas von Menschenführung verstehen und ihre herausgehobene Position nicht zuerst und zuletzt als persönliche Machtausübung begreifen, sondern als eine verantwortliche Aufgabe: sachbezogen, kompetent, kooperationsfähig, entscheidungsstark.

Im besten Falle wird Verantwortung mit Autorität, mit Integrations- und Überzeugungsfähigkeit, auch mit Weisheit und menschlicher Einfühlung wahrgenommen. Das bedarf nicht zuletzt einer gewissen Reife der Geführten.

III.

Wie Macht effektiv funktioniert, das hat Machiavelli – die italienischen Renaissancefürsten beobachtend – in seinem Buch »Der Fürst« beschrieben. Man hat allerdings in der Wirkungsgeschichte die Beobachtungen Machiavellis aus Deskriptivem etwas Präskriptives gemacht – als ob das, was Machiavelli *be*schreibt als eine *Vor*schrift für die Mächtigen zu verstehen sei. Man hat geflissentlich den ironisch-kritischen Unterton seiner Schrift überlesen und unterschätzt. Gleichwohl ist das, was er schreibt, die reinste Fundgrube für solche, die eher an der Macht bleiben wollen als ihrem Gewissen zu folgen. Es ist ein Vademecum für Machtbesessene und Menschenverächter. (Berlusconi scheint das jeden Tag zu lesen.)

Niccolò Machiavelli hatte einschlägige Erfahrungen mit der Macht sammeln können, aus der Gunst der Mächtigen – also der Willkür – in Gnaden aufgenommen oder in Ungnaden fallengelassen zu werden. Was er im »Fürst« geschrieben hat, ist eine Beschreibung der Machtstrukturen und wurde von den Mächtigen fernerhin als ihr Katechismus benutzt.

Darin heißt es: »Wer es darauf anlegt, stets und immer gut zu handeln, muss unter der großen Menge, die sich daran nicht hält, zugrunde gehen. Daher muss ein Fürst, der sich behaupten will, sich darauf verstehen, notfalls auch einmal nicht gut zu handeln und nur das zu tun und zu lassen, was gerade die Notwendigkeit erfordert.«

»Es ist eine alte Streitfrage, ob es besser ist, mehr geliebt als gefürchtet oder mehr gefürchtet als geliebt zu werden. Meine Antwort ist, dass man beides wünschen sollte; da es aber schwer ist, beides miteinander zu verbinden, so ist es viel sicherer, eher gefürchtet als geliebt zu werden. Denn man kann ganz allgemein von den Menschen sagen, dass sie undankbar, wankelmütig, heuchlerisch, feig in Gefahren und gewinnsüchtig sind.«

Machiavelli fragt sich, inwieweit ein Fürst sein Wort halten muss, und antwortet: »Jeder weiß, wie lobenswert es ist, wenn ein Fürst sein Wort hält und rechtschaffen und nicht hinterlistig handelt. Dennoch sieht man aus der Erfahrung unserer Tage, dass Fürsten, welche sich aus Treu und Glauben wenig gemacht und es verstanden haben, mit List die Gemüter der Menschen zu übertönen, große Dinge ausgerichtet und am Ende diejenigen, welche redlich gehandelt, überwunden haben.« Machiavelli rät, beide Seiten des Kampfes, die gesetzliche (also die zivilisierte) oder die gewaltsame (also die tierische) aufzugreifen. »Für einen Fürsten ist es nötig, bald den Menschen, bald das reißende Tier spielen zu können.«

Ein Fürst müsse sehr verwandlungsfähig sein: Die Fuchsgestalt sei nötig, um die Schlingen kennenzulernen, und die Löwenmaske, um die Wölfe zu verjagen.

Ob ein Fürst sein Wort halten müsse? Machiavelli antwortet mit Blick auf die Untergebenen und deren Moral unverblümt: »Einem Fürsten kann es nie an einem Vorwand fehlen, seinen Wortbruch zu beschönigen.« Es sei ferner sehr nachteilig, »stets redlich zu sein; aber fromm, treu, menschlich, gottesfürchtig, redlich zu scheinen, ist sehr nützlich«.

Aus all dem spricht tiefe Menschenverachtung und die Erfahrung, dass alle Mächtigen zwar Tugenden vor sich hertragen, aber kaum jemand Mitleid, Treue, Menschlichkeit, Redlichkeit und Frömmigkeit wirklich lebt.

»Die ganze Welt ist voll von Pöbel, und die wenigen Klügeren kommen nur zu Worte, wenn es dem großen Haufen, der in sich selbst keine Kraft hat, an einer Stütze fehlt.«

Es gibt also einen Kontrakt der Unmoral zwischen Führern und Geführten: die einen lügen, die anderen wollen belogen sein, die einen schmeicheln, die anderen lassen sich schmeicheln. Jedenfalls müsse sich ein »Führer« eher auf die Furcht als auf das Vertrauen der Leute verlassen.

Wie gut hat das in allen Diktaturen funktioniert – sowie man erst einmal bereit war, seine Eigenständigkeit, seine Mündigkeit, seinen aufrechten Gang aufzugeben; sich der Macht der Mächtigen nicht nur zu beugen, sondern auch einen Teil von der Macht und von den Vergünstigungen, die sie bietet, abzubekommen!

IV.

Es gibt natürliche Vorordnungen in menschlichen Gemeinschaften: das Recht der Älteren und das Recht des Ältesten, das traditionell von Männern beanspruchte Führungsrecht, die ererbte oder vom Vorgänger übertragene Macht, die aufgrund von Fähigkeiten erworbene, auf Zeit gewählte Macht, das Führerprinzip, die Monarchie (mit Gottesgnadentum – bis hin zur koreanisch-kommunistischen Kim-Dynastie).

Eine säkulare Religion mit einem ganz eigenen Führungsanspruch repräsentierte die kommunistisch-bolschewistische Bewegung, wo die Avantgarde unter der Führung der Partei eine ihr übertragene »historische Mission« erfüllte und das Politbüro als versammelte Weisheit des Volkes die Menschheit in die frohe Zukunft führen wollte. (Nordkorea repräsentiert eine kommunistische Familiendynastie und die Jelzin-Familie wusste sich aus jeder strafrechtlichen Verantwortung zu kaufen – durch Putin.)

Wir wissen inzwischen, in welche Grauen das geführt hat – in die Gulags Stalins und in das Ende jeder Entfaltungsfreiheit des einzelnen. »Utopie der Säuberung« hat das in einer bestürzenden Analyse Gerd Koenen genannt.

Der Führungsanspruch der alleinseligmachenden römischen Kirche mit dem Papst als Stellvertreter Christi auf Erden und seinem Kardinalskollegium samt heiligem Offizium bleibt eines der Grundmuster menschlicher Machtausübung mit religiöser Abstützung. *Einheit* kommt da vor *Wahrheit*; und Angst vor Zersplitterung führt in bewusste Unterwerfung. *Extra ecclesiam nulla salus*. Und die *sancta ecclesia* ist Rom! Rom allein.

Daneben gibt es die vielfältige Führungsverantwortung der Betriebseigner oder Betriebschefs, der Aufsichtsräte, der Manager, der Personalchefs, der Betriebsräte, der Direktoren, der Minister, der Geschäftsführer. Führungskräfte nennt man sie heutzutage.

In dem Wort Führungskraft steckt etwas Doppeltes: Das braucht, das verlangt alle Kraft und Fähigkeit – zugleich die Bereitschaft zu führen. Wo dies als Verantwortung auch vor dem eigenen Gewissen getragen wird, kann es als Dienst an Menschen erfahren werden. Doch ohne *Lust* am Führen geht es ebenso wenig, wie es mit einer vor sich hergetragenen, ethisch-altruistisch anmutenden Etikettierung stimmig ist, man wolle ja nur »dienen«.

Alles entscheidend wird für eine Zivilisation, die diesen Namen verdient, *wie* Macht zustande kommt, wie sie *ausgeübt* wird und welche Regelungen zu ihrer *Ablösung* und Übergabe es gibt.

Manche Lebensbereiche verlangen geradezu nach klaren Zuständigkeiten, schlicht um funktionieren zu können, wo eben nicht diskutiert, sondern streng nach vorgegebenen und erprobten Regeln gehandelt werden muss: bei der Feuerwehr, bei der Polizei, bei der Armee, im Krankenhaus, in der Justiz und im Strafvollzug, in gewisser Weise auch in Schulen und Kindergärten. Überall gilt im Prinzip: Der/die Beste voran!

Damit es nicht zu großen Reibungsverlusten kommt, bedarf es klarer Zuständigkeitsregelungen und von allen ein Gefühl für das Ganze: Corporate Identity!

V.

Die Demokratie unter der Maßgabe »Allgemeiner Menschenrechte« mit Gewaltenteilung, sozialen und individuellen Freiheitsrechten, mit der Gleichheit aller vor dem Gesetz, mit Sozialstaatlichkeit und freien Wahlen ist eine hohe, stets gefährdete zivilisatorische Errungenschaft. Da wird der Interessenstreit, aber auch der Streit um Werte und Ideen in einen gleichberechtigten und offenen Wettstreit geführt. Streit vollzieht sich nach Regeln. Macht ist auf Zeit zugeteilt, um einerseits Despotie und andererseits Anarchie zu verhindern.

Kritik wird nicht denunziert, sondern honoriert, sofern sie sich nicht destruktiv oder totalitär gibt. Doch selbst in der Demokratie ergeben sich Deformationen der Macht, da Menschen, die Machtpositionen mit den entsprechenden Titeln bekommen, kaum mehr spüren, wie sehr alsbald die Macht *sie* hat. Aus Partnerschaftlichkeit wird bald Abhängigkeit und Unterwürfigkeit, zumal durch Langzeitmandate kaum jemand in gehobener Verantwortung von Unterwerfungsversuchung und extremer Kritikempfindlichkeit verschont bleibt.

Das färbt auf das Selbstbild ab, wenn man jahre- oder gar jahrzehntelang mit Herr Präsident, Herr Ministerpräsident, Frau Minister, Herr Bischof, Frau Direktorin, Herr Bürgermeister ... angesprochen wird und plötzlich einfach wieder Herr Schmidt oder Herr Kohl, Frau Süssmuth oder Herr Thierse sein soll.

Demokratisch erworbene Titel gehen mit Ende der Amtsperiode an den Nachfolger über, sie verleihen keinen »Character indelebilis«, keinen unvergänglichen Weihestatus. Und diese Personen müssen nun ohne Titel damit zurechtkommen, dass sie Bürgerinnen und Bürger sind, die auf Zeit eine herausgehobene und alles in allem achtbare Verantwortungsposition übernommen hatten. Doch devote Journalisten sprechen noch Jahrzehnte später vom Herrn Bundeskanzler ... – und der weist es nicht zurück.

Nach christlichem Verständnis ist ein Mensch stets mehr als seine Leistung, wiewohl jeder das leisten soll, was er kann, und dafür auch Anerkennung finden soll. Wenn ein

Mensch aber stets mehr ist als seine Leistung, dann muss auch eine Fehlleistung und ein Versagen nicht die Person als Ganze treffen. Und ebenso ist es richtig, dass wir Menschen ehren, auch verehren, die für andere in ihrem Leben Großes geleistet haben. Das aber hängt nicht an Titeln, sondern an Personen! Oben wird die Luft dünn. Und Obere fordern meist Gefolgschaft ein, wo doch Vertrauen für beide Seiten von Vorteil wäre.

VI.

Jedenfalls kommen auch demokratische Institutionen nicht ohne Führung aus, wobei die führenden Persönlichkeiten Sach- und Personenautorität mit konzeptioneller Kompetenz und persönlicher Verlässlichkeit brauchen.

Aber sie kommen auch nicht ohne Taktik (und diverse Finessen!) aus und haben zudem stets komplizierte Vermittlungs- und Integrationsaufgaben wahrzunehmen.

Das gerät zum schwierigen Spagat zwischen Machtvergessenheit und Machtversessenheit, zwischen Prinzipienfestigkeit und Kompromissbereitschaft (ohne Opportunitätsversuchung). Auch in demokratischen Institutionen bedarf es der Letztverantwortlichkeit einzelner, die nur zu guten Ergebnissen führt, wo es Mitverantwortlichkeit samt Mitverantwortungsbereitschaft aller gibt. Jeder/jede hat auf seiner/ihrer Aufgaben- und Begabungsebene seine/ihre Verantwortung wahrzunehmen. Alles mit allen endlos diskutieren zu wollen, würde zu keiner Entscheidung und demzufolge zu keiner Verantwortlichkeit mehr führen.

1989/90 haben die Runden Tische verknöcherte, ja tötende Institutionen abgelöst, in einer dramatischen Umbruchsituation spontane Legitimation durch das Volk bekommen und diese schließlich an gewählte Vertreter wieder abgegeben.

Auf Dauer ließ sich der Runde Tisch nicht halten – aber der Delegationsstaat braucht die Ergänzung durch Runde Tische auf allen Ebenen. Sie sind und bleiben Orte gelebter, konkreter und vor allem ernstgemeinter Partizipation. Darin unterscheiden sie sich von folgenlosen Anhörungen.

Institutionalisierung von Macht ist eine Form der Machtbegrenzung; sonst kommt es zur suggestiven Macht einzelner Charismatiker. Nüchternheit und Engagement der Mandatsträger sowie Zeitbegrenzung der Mandate sowie Entscheidungsabfolge nach Regeln sind unverzichtbar.

Aber auch die Demokratie braucht Eliten: Funktions-, Macht- und Verantwortungseliten. Elite meint eine besondere Befähigung und Verpflichtung, nicht den Arroganzstatus eines höheren »Standes«. »Wem viel gegeben ist, von dem wird viel verlangt«, heißt es in der Bibel.

Stelle er sich! – auch der Weinbauer oder der Geschäftsmann.

Verantwortungseliten handeln nicht nach der Maxime der reinen Kosten-Nutzen-Optimierung, nicht zuvörderst zur Durchsetzung eigener Interessen, sondern sie behalten das *Gemeinwohl* im Blick – um ein altehrwürdiges Wort in Erinnerung zu rufen.

Es muss schließlich entschieden und die Entscheidung durchgesetzt werden. Unabdingbar dafür ist die Loyalität aller anderen, ob in einer Partei, einer Glaubensgemeinschaft, in einem Betrieb oder in einer Bank. Wenn es Verantwortlichkeit gibt, muss der Verantwortliche auch bereit sein, notfalls – ohne Groll – seinen Hut zu nehmen.

Bertolt Brecht hat in seinem Gedicht »Lob des Zweifels« auf wunderbare Weise beschrieben, was es heißt, produktiv zu zweifeln; und was es heißt, andauernd zu zweifeln, statt zu handeln. Es gebe eben Leute, die den Kopf nur zum Schütteln benutzen würden. Sie zweifeln so, dass sie nie zum Handeln kommen. Und es gibt Bedenkenlose, die niemals zweifeln und sich über jeden Zweifel hinwegsetzen:

»Was hilft zweifeln können dem / Der sich nicht entschließen kann! / Falsch mag handeln / Der sich mit wenigen Gründen begnügt / Aber untätig bleibt in der Gefahr / Der zu viele braucht.«

Es ist eine der Achillesfersen der Demokratie, dass sie auf die Mündigkeit der Bürgerinnen und Bürger angewiesen ist, die mitbestimmen; damit nicht allein Mehrheitsprinzipien gelten, wo z.B. nach Augenblicksstimmungen, diversen Abhängigkeiten oder aufgrund geschickter Manipulation entschieden wird. Es gibt im Menschen in der Regel ein tiefsitzendes Bedürfnis, sich zur Mehrheit zu zählen. Und wo die Mehrheit ist, dahin kommt noch mehr Mehrheit. Deshalb sind wöchentliche Umfragen – sogenannte Politbarometer – durchaus problematisch, weil Leute dann nur noch gucken, was sie denken sollen, weil die Mehrheit so denkt, statt sich selber der Mühe eigener Urteilsbildung und Entscheidung auszusetzen.

Im Demetriusfragment von Friedrich Schiller heißt es: »Man soll die Stimmen wägen und nicht zählen. Die Mehrheit ist der Unsinn.« Was Schiller geißelt: bloßes Stimmenzählen ohne sorgsames Abwägen von Argumenten. Die Parole »Wir haben die Mehrheit, also haben wir die Macht, also können wir machen, was wir für richtig halten« gehört zu den Versuchungen aller, die über sichere Mehrheiten verfügen: durchregieren, durchstellen, durchsetzen!

Die meisten Menschen möchten eben möglichst bei der Mehrheit und bei den Mächtigen sein. Diese Verhaltensdisposition, neben ganz elementaren Überlebens- und

Karriereinteressen, nutzen Diktatoren – aber auch alle selbstherrlichen Herren und Damen in Leitungspositionen – für ihre Machtsicherung geschickt aus. Unreflektierte Unterwerfungsbereitschaft sowie ein genüssliches Funktionieren »in Reih und Glied« gehören genauso zu den Urphänomenen menschlichen Verhaltens wie die ausdrückliche Selbstbehauptung von Individualität, persönlicher Freiheit, eigenständiger und gemeinschaftlicher Entfaltung, die bewusste Absetzung von »den anderen« oder vom jeweiligen Mainstream.

Es gibt Charaktere, die lustvoll Führer sein wollen oder geworden sind. Viele andere lassen sich gerne führen. Es ist so bequem, unmündig zu sein. Immer erfordert es Mut, sich seines eigenen Verstandes ohne Anleitung eines anderen zu bedienen (wie Kant einst die Aufklärung definierte).

Verantwortlichkeit braucht Abstufung, braucht Strukturierung; im günstigsten Falle haben die Fähigsten die größere Verantwortung, und sie müssen sie auch tragen, denn Verantwortung zu übernehmen heißt auch, einsam zu sein, mit den Gefühlen des eigenen Ungenügens umzugehen, im Sperrfeuer der Kritik zu stehen, mit Intrigen anderer zu rechnen. Nur wenigen gelingt es, souverän damit umzugehen, statt sich in Intrigenspiele hineinzubegeben.

Die Geschicktesten beherrschen und inszenieren das Intrigenspiel selbst – bis sie sich darin verfangen oder den Bogen der Selbstherrlichkeit ganz banal an einer IKEA-Kasse überspannen. Der Verantwortliche muss immer in einem größeren Radius seinen Kopf hinhalten. Er lebt stets mit schwer kalkulierbaren Risiken. Er muss bereit sein, Verantwortung für seine Mitarbeiter zu übernehmen. Deshalb braucht er im Interesse des Gelingens einer Aufgabe Mitarbeiter um sich herum, auf die Verlass ist, die die »Tapferkeit vor dem Freund« (Ingeborg Bachmann) behalten. Er bedarf deren Tapferkeit als Mut, unumwunden die

Wahrheit zu sagen – mit der Gewissheit, vom Verantwortlichen honoriert und nicht bestraft zu werden. Das bleibt erfahrungsgemäß ein zwiespältiges Risiko: Was ist Demontage, was Konkurrenz, was Unterstützung? Was ist Mobbing, was Bossing?

Sachkompetenz des Verantwortlichen allein reicht nicht, wenn nicht dessen Fähigkeit hinzukommt, Konflikte auszuhalten, sowie die kommunikative Kompetenz, andere zu motivieren und zugleich zu begrenzen.

Die Mitarbeiter müssen stets wissen, wo ihre Grenzen sind, und erfahren, dass sie geachtet sind, nicht bloß als »Mittel« ihrer Chefs fungieren und funktionieren.

Im besten Falle hat der Verantwortliche Sachkompetenz und menschliche Ausstrahlung.

Das strukturierte Zusammenleben von Menschen führt im günstigsten Falle dazu, dass jeder/jede mit seiner/ihrer Begabung am richtigen Platz das ihm/ihr je Zukommende tut und darin auch Erfüllung findet – statt nach dem »Peterprinzip« schließlich an Überforderung zu zerbrechen. Strukturierte Verantwortung bedarf der *Verlässlichkeit* in der Sache, der *Gelassenheit* in der Haltung und der *Konsistenz* in der Führung. Wo alles von allen endlos besprochen wird, kommt es bald zur Demotivation und schließlich über die Selbstlähmung zum Chaos.

VII.

Das Führerprinzip ist immer so effizient wie barbarisch. Die Deutschen haben das mit der Parole »Führer befiehl, wir folgen« auf schreckliche Weise exerziert und der ganzen Welt demonstriert. Darin wird eine merkwürdige Unterwerfungslust des Individuums und ganzer Völker erkennbar, welche sich »Führernaturen« zunutze zu machen verstehen. Das Wort »Führer« ist auf absehbare Zeit belastet, ja unbrauchbar durch »den Führer« und alle Ober-Scharführer – samt blindem Fanatismus und Kadavergehorsam.

Die sogenannte sozialistische Menschenführung bedurfte der Führungsoffiziere, die die Verräter, IM genannt, führten und alles ausführten…

Von großartiger Menschenkenntnis und scharfer politischer Analyse zeugt, was Friedrich Schiller den Marquis von Posa vor König Philipp II. sagen lässt:

»Ich höre, Sire, wie klein,
Wie niedrig Sie von Menschenwürde denken,

Mir deucht, ich weiß, wer Sie dazu berechtigt.
Die Menschen zwangen Sie dazu; die haben
Freiwillig ihres Adels sich begeben,
Freiwillig sich auf diese niedre Stufe
Herabgestellt. Erschrocken fliehen sie
Vor dem Gespenste ihrer innern Größe,
Gefallen sich in ihrer Armut, schmücken
Mit feiger Weisheit ihre Ketten aus,
Und Tugend nennt man, sie mit Anstand tragen.«

Das ist es: Mit feiger Weisheit, mit Überlegensklugheit tragen sie ihre Ketten und nennen es Tugend, wenn sie diese Ketten »mit Anstand« tragen; wie bitter-bös erst, wenn Heinrich Himmler vor den SS-Erschießungskommandos in Polen erkärte: »Dies alles mitangesehen zu haben und dabei anständig geblieben zu sein, bleibt ein ewiges Ruhmesblatt.«

Der Marquis beschwört Philipp II.:

»Stellen Sie der Menschheit
Verlornen Adel wieder her. Der Bürger
Sei wiederum, was er zuvor gewesen,
Der Krone Zweck – ihn binde keine Pflicht
Als seiner Brüder gleichehrwürd'ge Rechte.

Wenn nun der Mensch, sich selbst zurückgegeben,
Zu seines Werts Gefühl erwacht – der Freiheit
Erhabne, stolze Tugenden gedeihen –
Dann Sire, wenn Sie zum glücklichsten der Welt
Ihr eigenes Königreich gemacht – dann ist
Es ihre Pflicht, die Welt zu unterwerfen.«

Ein König hat demnach die Aufgabe, den Menschen zu sich selbst, zu seiner Selbstbestimmung zurückzuführen, und wird groß, wenn er die ganze Welt dem Gedanken der Freiheit und der Selbstbestimmung »unterwirft«. Der König weiß indes um seine gebundenen Hände: Hinter ihm steht die Inquisition. Er aber will nicht Nero werden und verspricht dem Marquis in einem Anflug menschlich-freiheitlicher Rührung:

»Ihr selbst, Ihr sollet unter meinen Augen
Fortfahren dürfen, Mensch zu sein.«

Der König entlässt den *einen* in die Freiheit, die Wahrheit zu sagen, sogar ihm, dem Mächtigen, weil er sonst nur von Schmeichlern umgeben ist. Ihn beschleicht das beklemmende Gefühl, keinen in seiner Nähe zu haben, dem er wirklich vertrauen kann.

Aber er wagt es nicht, diese Freiheit, die er dem *einen* gibt, *allen* zu geben.

Indes scheint er aus der Einsamkeit der Macht in dem Moment – nur im Moment! – erlöst zu sein, als er einen offenherzigen Menschen gefunden hat. Und dann konfrontiert er den Marquis mit dem Satz ernüchternder Erfahrung mit den realen, nicht den idealen Menschen:

»Ich weiß, Ihr werdet anders denken,
Kennet Ihr den Menschen erst, wie ich.«

Und doch fasziniert dieser »idealistische Typ« Posa den König:

»Ihr kennt
Den Menschen, Marquis. Solch ein Mann hat mir
Schon längst gemangelt, Ihr seid gut und fröhlich
Und kennet doch den Menschen auch. – Drum hab
Ich Euch gewählt.«

Es gehört zur Ambivalenz der Macht (resp. der Führung, der Verantwortung eines Einzelnen für das Ganze), dass »der Mächtige« es stets mit einzelnen, mit Individuen zu tun hat, zugleich aber mit den vielen, die zur Masse mutieren, so dass er sich zu sagen gezwungen sieht, »wo es langgeht«, selbst wenn er gern jedem einzelnen seine Freiheit in seinem Verantwortungsbereich lassen wollte. Zur Überwindung dieses Widerspruchs bedarf es eines inneren Konsenses zwischen Führung und Geführten. Das gelingt, sowie die gestellte Aufgabe als eine gemeinsame erkannt und erfüllt wird – von jedem und mit gleicher *Würde*, wenngleich nicht von jedem in gleicher *Weise*. Wer nur für Einzelnes verantwortlich zeichnet, denkt und empfindet anders als der, der aufs Ganze sehen muss.

Der Verantwortliche muss z.B. um der Freiheit aller willen im Zweifelsfall die Freiheit einzelner einschränken – um der Freiheit willen! (Oder um der Nation willen: man denke an die bis heute umstrittene Entscheidung Jaruzelskis für das Kriegsrecht in Polen 1981.)

Auf diese Weise wird Menschenführung zu menschlicher Führung. Sie gelingt in dem Maße besser, wie Führende und Geführte zur Selbstreflexion fähig und bereit bleiben, statt einerseits distanzlos Macht auszuüben (also der Macht selber zu verfallen) oder sich andererseits resignativ zu unterwerfen und Ohnmachtsgefühlen sklavisch zu huldigen.

»Demokratisch führen« ist keine *Contradictio in adjecto*, sondern das Wagnis der Menschlichkeit und Mündigkeit bei der Führung und bei den Geführten selbst.

Die Demokratie selbst und alle demokratischen Institutionen bedürfen des mündigen Bürgers wie des zynismusfreien Verantwortungsträgers, der Macht ausübt, der sie teilt und der sie gelassen wieder abgeben kann, geachtet auch danach. Wer das Gefühl hat, geachtet zu bleiben »auch danach«, kann leichter abgeben, was ihm aufgetragen worden war.

VIII.

Insbesondere in kritischen gesellschaftlichen Situationen, wo die Verunsicherung im Volk grassiert, wird der Ruf nach einem starken Mann, nach einem Führer, wahrscheinlich.

Dietrich Bonhoeffer (noch im April 1945 als Widerständler erschossen) hat in einer Rundfunkrede am 1. Februar 1933 über den Führer und den Einzelnen nachgedacht.

Er kritisiert ganz unverhohlen die Art des »Herrenmenschen«, der sich als Führer über das ganze Leben aufwirft und sich selbst vergottet. Die Autorität ist geradezu vernichtet, »wo die Autorität des Führers oder des Amtes als letzte Autorität gesehen werden«.

Bonhoeffer schließt seinen Vortrag im deutschen Schicksalsjahr 1933 mit einem damals schon lebensgefährlichen

Satz: »Nur der Führer, der selbst im Dienst der vorletzten und der letzten Autorität steht, kann Treue finden.« Hätten dies nur die Bürgerlichen, die Christlichen oder auch die Adligen begriffen, in allen Lebensbereichen gehört und befolgt, statt sich diesem die menschlichen Schwächen gewissenlos ausnutzenden, sich an Macht und Masse berauschenden österreichischen Obergefreiten anzuvertrauen, der Deutschland und Europa ins Unglück führte! Bonhoeffers Rundfunkvortrag wurde an einer missliebigen Stelle einfach abgebrochen. Er hatte in diesem inkriminierten Teil bestimmte Forderungen an jeden »Führer« einer Menschengruppe gestellt. Bonhoeffer ging von der ganz nüchternen Erfahrung aus, dass es Führung gibt, wo Gemeinschaft ist. »Der Führer muss die Geführten hineinführen in die Verantwortung gegenüber den Ordnungen des Lebens, gegenüber Vater, Lehrer, Richter, Staat. Er muss sich dem Reize, der Abgott, d. h. die letzte Autorität des Geführten zu werden, radikal versagen. In aller Nüchternheit muss er sich auf seine Aufgabe beschränken.«

Ein Führer kann dem Einzelnen nur vorübergehend eine Entscheidung abnehmen. Er hat den Einzelnen erst in die eigentliche Mündigkeit zu führen: »Zur Mündigkeit des Menschen aber gehört die Verantwortlichkeit gegenüber dem anderen, gegenüber den gegebenen Ordnungen.«

IX.

Gruppendynamische Beobachtungen können in diesem Zusammenhang aufschlussreich sein.

Die Gruppendynamik unterscheidet bei der Verhaltensanalyse von Menschen in einer Gruppe bestimmte Verhaltenstypen, die durchaus im Wesen verankert sein können.

Der *Alpha*-Typ ist der, der dominiert, der schnell die

Leitung übernimmt, weil er einerseits hohe Verantwortlichkeit fürs Ganze spürt und andererseits seine Ungeduld mit Führungsanspruch verbindet. »Alpha« erzeugt in einer Gruppe fast gesetzmäßig Anti-Alpha, wobei sich im Kampf zwischen den beiden Alphas auch ungelöste Vaterkomplexe reaktivieren. Damit ist der Kampf zwischen Schröder und Lafontaine, zwischen Jacques Chirac und Sarkozy, zwischen Gorbatschow und Jelzin, zwischen Scharon und Netanjahu usf. besser zu verstehen. Der Kampf zwischen Alpha und Anti-Alpha kann nicht nur Familien, Gruppen und Institution, sondern ganze Völker zerrütten. Indes kommt keine Gruppe, auch keine demokratische, ohne Alpha-Positionen (und sei es nur für eine begrenzte Zeit und nach strengen Regeln) aus.

Daneben gibt es die *Beta*-Verhaltenstypen bzw. Charakterdispositionen. Die Beta-Personen sind im besten Falle so etwas wie der »sehr gute zweite Mann«/die »sehr gute zweite Frau«. Sie sind – im glücklichsten Falle – die Berater, die die Ideen von Alpha komplettieren, ausführen, organisieren, strukturieren, die ihm loyal mit gutem Rat zur Seite stehen, aber keine eigenen Herrschaftsansprüche erheben (ganz abgesehen von den allen Menschen spezifischen Eitelkeiten, also den Anerkennungsbedürfnissen, die jedem Menschen eigen sind). Ein gutes, souveränes Alpha versteht, viele gute Betas um sich zu scharen, sofern dies einer gemeinsamen Sache und nicht zuerst sich selber dienen will.

Die weitaus größte Gruppe sind die *Gamma*-Typen. Das sind gewissermaßen die nachgeordneten Beamten, das sind die Mitläufer, das sind die, die Weisungen korrekt ausführen, die gerne Alpha beklatschen und sich in seinem Lichte sonnen. Sie wollen ungern verantwortlich sein, allzu gerne gehorchen. Im besten Falle sind sie die große Menge mündiger und loyaler Mitbürger.

Schließlich gibt es den Verhaltenstyp *Omega*, also Menschen, die sich immer zu kurz gekommen fühlen, Menschen, die immer das Gefühl haben, sie seien die Letzten, die Elenden, die Minderbeachteten, die Versager. (DDR wurde und wird bisweilen als »Der Doofe Rest« buchstabiert.) Dazu gehören schließlich die ewigen Querulanten, die immer schlechte Stimmung verbreiten und gegen alles sind, ohne je etwas selber besser machen zu wollen und zu können.

Klein- oder auch Großgruppen sind nur lebensfähig, wo diese vier Verhaltenstypen in der richtigen Mischung vorhanden sind und in einer miteinander verträglichen, wenngleich nicht konfliktfreien Art agieren. Alpha tut gut daran, Anti-Alpha nicht bis aufs Messer zu bekämpfen, sondern ihm eine geachtete Position zu verschaffen oder ihm berechtigte Nachfolgehoffnungen zu machen. Beta bleibt klug beraten, wenn er klugen Rat gibt und nicht »hoch hinaus will« etc. Nichts ist für eine Gruppe schlimmer, als wenn es in ihr zu viele Alpha-Ansprüche gibt. Wir haben das in den sogenannten Bürgerrechtsgruppen 1989/90 erlebt. Da gab es viel zu wenige Gammas (also das Volk, das erst nach dem 9. Oktober und erst recht nach dem 9. November 89 »Flagge zeigte« oder auf die Straße ging). Vornan standen zunächst mutig die wenigen, die sich aus den Oppositionsbewegungen heraus erhoben und bald enorme Führungsansprüche stellten, die ihnen wichtiger wurden als die Verantwortung, die sie für die Menge der »Gammas« wahrzunehmen vorgaben. Glücklicherweise verlief der Konkurrenzkampf nicht so mörderisch wie in Paris nach 1789 oder in Moskau nach 1917, weil wir in eine Demokratie mit funktionierendem Rechtsstaat wechselten, nicht in eine Herrschaft »der Guten.« Wenn es nun aber zu viele Häuptlinge und zu wenige Indianer gibt, kommt eine Gesellschaft nicht nur nicht voran: Sie blockiert sich.

Die menschliche Gemeinschaft funktioniert verhaltensbiologisch immer noch nach alten Mustern in neuen Variationen, wobei diese Muster von der Mehrheit kaum reflektiert werden.

Am vorteilhaftesten bleibt es, wenn die »Führungspersönlichkeit« selbst-reflektiert und selbst-kritisch bleibt und wenn sie Gelassenheit und Weisheit mit Führungsstärke zu verknüpfen versteht. So hat der »Chef einer Gruppe« eine zusammenschweißende, eine normgebende und eine zielbestimmende Autorität, die zur motivierenden, begeisternden oder zur verführenden Kraft von ganzen Völkern führen kann, die ihren Führern bedingungslos folgen, bis sie gar mit Lust in den Tod »für Volk und Vaterland« oder für ihren Präsidenten ziehen.

Wie wichtig solche verantwortlich handelnden Persönlichkeiten sind (oder gewesen wären), kann man erfahren, wenn man das Geschichtsbuch auf einer beliebigen Seite aufschlägt. Ich nenne nur Alexander den Großen, die nach seinem Tode einsetzenden Diadochenkämpfe und das Ende des Kriegsglücks ohne ihn. Ich nenne Gustav Adolf, nach dessen Tod auf dem Felde (oder vielleicht: nach seiner Ermordung) bei Lützen die schwedischen Heere nicht nur ihre Schlagkraft, sondern ihre Moralität vollends verloren hatten. Nach Gustav Adolfs Tod war der Krieg der Herr des Krieges – niemand anderes mehr. Nach dem Tode Titos brachen sehr bald wieder die alten, typisch balkanischen irrationalen Bruderzwiste los und halten auf unabsehbare Zeit an. Als Gorbatschow versuchte, sein sowjetisches Riesenreich aus der harten Hand der Partei zu lösen und aus der gerontokratischen Politbüroherrschaft in eine offene Gesellschaft zu führen, bedeutete dies das Ende der Sowjetunion, den Sieg von Partikularinteressen und schließlich die Verachtung Gorbatschows im eigenen Lande.

Das Autoritäre kehrte in neuer Form zurück und mündet in eine noch immer nicht überwundene Sehnsucht nach »dem Zaren«. Putin versucht mit zweifelhaften Methoden, das verbliebene Russland in geradezu zentralistisch-zaristischer Manier wieder zusammenzuführen und zu beherrschen. Wie ambivalent dies alles ist, kann man erkennen, wenn man sich die Situation des Irak nach dem Sturz des Gewaltherrschers Saddam Hussein vor Augen führt. Dort wird es erneut zu einer »starken Hand« kommen, oder zu einem Zerfall in mindestens drei Teile samt den ihn begleitenden barbarischen Kriegen, etwa der schiitischen Mehrheit gegen die sunnitische Minderheit, und mit einiger Wahrscheinlichkeit zur Abspaltung Kurdistans.

Neue, noch ungeahnte Konfliktpotentiale lauern sodann zwischen einem irakischen Kurdenstaat und der Türkei, mitsamt den dort unterdrückten Kurden.

X.

Die Bibel ist voll von ambivalenten Machtgeschichten. Mose führt das Volk aus der Knechtschaft durch die Wüste in die Freiheit, aber der Heerführer Josua vollendet das Befreiungswerk blutig – man lese nach, was zur Eroberung Jerichos in Josua 6 geschrieben steht. Selbst wenn eine solche Eroberung historisch nicht nachweisbar ist, wird doch der Geist dieser hebräischen Expansion in das besiedelte Land Kanaan als Heldengeschichte – als Mordgeschichte an Besiegten – für heutige Augen erschreckend deutlich.

Es gab bis Saul und David in Israel (im Unterschied zu den alt-orientalischen Großmächten) eine tief verwurzelte, jahrhundertealte Skepsis gegen einen König. Der Gott Jahwe sollte einziger Herr und oberste Autorität bleiben. Man fürchtete, ein König würde göttliche Insignien für sich reklamieren können. So wählte man nur in jeweiligen Gefährdungssituationen einen »Richter«, der so lange sein Amt als (charismatische) Führungsfigur für alle Stämme ausübte, wie die Gefahr für alle andauerte. Aber es zeigte sich damals schon, dass die Macht es an sich hat, in den Händen derer bleiben zu wollen, die sie einmal errungen oder ausgeübt haben. So musste auch das alte Israel erleben, dass einer, der auf den Schild gehoben worden war, es verstand, andere in Angst zu versetzen oder von sich abhängig zu machen, bis diese ein ganz eigenes Interesse daran hatten, dass der auf den Schild Gehobene auch oben bleibt.

Sie müssen erleben, dass Herrscher alsbald göttliche Macht (im Namen des Gottes) beanspruchen: absolute Macht, Anerkennung, Unterwerfung und Gehorsam verlangen. (Stefan Heym hat die Vorgänge in seinem »König David Bericht« trefflich nachgezeichnet.)

Widerstand durchzieht die israelische Geschichte: *Gott* ist König. ER allein – damit wir Freie bleiben, also unsere Autonomie in der Theonomie finden und nicht unter von Menschen ausgeübter theonomer Herrschaft, also mit Usurpation des Göttlichen leben.

Wohin die göttliche Legitimation von Herrschaft führte, hat Deutschland im Gottesgnadentum der Hohenzollern erlebt, die bis 1918 reichen sollte.

Der Protestantismus hatte es mehrheitlich schwer, sich mit der Weimarer Demokratie anzufreunden. Tief eingepflanzt blieb die Sehnsucht nach höherer, sichtbarer Autorität.

Es sei also an die Jothamfabel erinnert: Nach dem Tode des charismatischen Führers Gideon reißt der Usurpator Abimelech alle Macht an sich. Alle legitimen Söhne des Gideon lässt er töten. Jotham, der als einziger durch einen Zufall dem Mordrausch entkommen war, erzählt diese Fabel als Warnung für das Volk, das nach einem Herrscher verlangt und dabei schließlich den auswählt, der zu nichts taugt. (Wie viele beschimpfen heutzutage die Unfähigkeit von Politikern und begeben sich doch selber nicht in das politische Geschäft, wo sie unter Beweis stellen könnten und müssten, dass sie es nicht nur anders, sondern auch besser können.) Jotham erzählt von den Bäumen, die sich einen König wählen wollen und wie die Bäume, die etwas Nützliches tun können, lieber dieses Nützliche für alle Menschen weiter tun wollen und es ablehnen, stattdessen Herrschaft auszuüben. Sie wollen das erkennbar Nützliche weiter tun, also der Ölbaum will weiter *Öl* bringen, der Feigenbaum weiter *Süße* und der Weinstock weiter *Wein* – der des Menschen Herz fröhlich macht. Das Ergebnis ist, dass der *Dorn*busch (der nichts Nützliches hervorzubringen vermag) zum Herrscher gewählt wird. Dieser kündigt denen, die selber keine Leitungsverantwortung übernehmen wollen, unverblümt an, was wird, wenn er »mit seinen Stacheln« zu ihrem Herrscher wird.

Die provokante Gegengeschichte findet sich im Markus-Evangelium (Kap. 10). Die Jünger streiten sich, wer einst mit Jesus »ganz oben sitzen« wird – zur Rechten und zur Linken des erhöhten Herrn. Jesus reagiert schroff. Unter ihnen sei es nicht so wie in der Welt, wo die einen über die anderen Herrschaft ausüben, sondern: »Wer groß sein will unter euch, der sei euer Diener; und wer unter euch will der Erste sein, der sei aller Knecht.« (Mk. 10,43)

XI.

In einer Zeit, in der das alles entscheidende Movens, also die eigentliche Antriebskraft in den gesellschaftlichen Beziehungen, das Eigeninteresse, die Entfaltungs- und Risikobereitschaft des Einzelnen ist und in der alles, was »Staat« oder Gemeininteresse verkörpert, gegenüber dem Privatinteresse und dem Privateigentum zurücktritt, kommt es zu einer Eigentums- und Ich-Ideologie. »Staatsquote« abbauen, Steuern senken, Bürokratie abbauen, mehr Eigenverantwortung aller Einzelnen, so lauten die Parolen, »Outsourcing« wird das Zauberwort für den Rückzug »des Staates«.

Ein starker Staat weckt in Deutschland aus historischen Gründen negative Emotionen. Aber der Staat muss gerade für die Schwachen stark, also handlungsfähig bleiben, denn die Starken bedürfen des Staates nicht so sehr wie die Schwächeren. Dazu gehört sicher eine effiziente Wirtschaft und die Förderung der Leistungsfähigen.

Unser Sozialstaat aber behält bei aller Beachtung der Gesetze des Marktes eine unverzichtbare Ausgleichsfunktion, die in Artikel 14 des Grundgesetzes fixiert ist. Auslagerungen traditioneller Verantwortung des Staates auf private Betreiber mag durchaus effizient sein. Doch es gibt Lebensbereiche, in denen man keinen Gewinn machen kann, schon gar nicht einen hohen. Was wird z. B. werden, wenn Krankenhäuser mehr und mehr – gewinnorientiert – privatisiert werden? Bildung, Soziales und Kultur müssen wohl bezahlbar bleiben, aber diese humanen Ressorts rechnen sich nie aus sich selbst; sie brauchen und verdienen vor allem öffentliche Förderung.

Jeder Mensch ist zunächst auf den eigenen Vorteil oder Gewinn aus. Wo aber alles »egoistisch« auf Macht und Gewinn hin orientiert ist, da verkümmert die andere Seite, die auch in jedem Menschen steckt, nämlich seine altruistische Seite, seine auf das Lebensrecht der jeweils anderen und auf gemeinschaftliche Interessen gerichteten Strebungen. Das gilt es zu verhindern. Um der Demokratie und der Humanität willen!

Dienen heißt nicht verlieren, sondern miteinander gewinnen. Herrschen heißt, Verantwortung wahrzunehmen, statt Macht auszuleben.

Leben lassen

Vom »unendlichen Wert der Einzelseele« sprach vor mehr als 100 Jahren der damals populärste Theologe Deutschlands Adolf von Harnack. Der unendliche Wert jedes Einzelnen lässt sich nicht in einem Preis ausdrücken oder bemessen. Der Mensch hat Eigen- und Selbstwert und ist niemals zu reduzieren auf seinen »Nutzwert«.

Lienhard Otto, Professor an der Martin-Luther-Universität Halle, hat dies so formuliert:

»Der Einzelne ist ein eigener Kosmos von Qualitäten, die sich einer Bewertung in Maß und Zahl und jeder Pauschalierung von Bedürfnissen entzieht. Jede institutionelle Fürsorge oder Versorgung wird aber diesem Anspruch auf Individualität und Personalität kaum gerecht werden können.

Der Mensch wird zum *Objekt*, zur Unperson, zum Es, zur Sache.

Eine wachsende Zahl alter Menschen verspürt mit wachsendem Leid, dass sogenannte Einrichtungen keine Verbundenheit herstellen können zwischen wesensfremden Individuen, denen eine lebendige Mitte fehlt. Die Anordnung nach Zweckmäßigkeit, ist die Herrschaft der Objektivität über die menschliche Subjektivität und setzt Überleben an die Stelle von Leben. Die unversiegliche Kraftquelle des Lebens ist aber Gemeinschaft in Gegenseitigkeit, ist Miteinander und ist Konvivialität der Teilhaber.

Es kommt also nicht darauf an, die Alten *am* Leben zu erhalten, sondern sie *im* Leben zu behalten. Der Mensch wird am Du zum Ich und kann sich und sein Dasein in dem Maße bejahen, wie er von seiner Mitwelt bejaht wird, das heißt, wahrgenommen, begrüßt, beachtet, geliebt und verstanden als der, der er ist. Das Leben ist kostbar.

Mehr denn je sind die Alten ganz sie selbst, sie verdienen Respekt und Achtsamkeit, damit es ihnen erspart bleibt, sich als Last zu fühlen. Sie stellen unsere Sittlichkeit und Humanität auf die Probe und spiegeln uns unsere eigene Zukunft voraus. Es liegt an uns, ob die Frucht unseres Alters bitter sein wird, oder ob wir den Geschmack und das Lächeln eines erfüllten Lebens auf den Lippen haben werden«.

Immanuel Kant hatte davon gesprochen, dass der Mensch niemals nur als ein Zweck betrachtet werden dürfe. Die Würde des Menschen sei an jedem anderen Menschen anzuerkennen. Daraus folgen seine berühmten moralischen Imperative: »Handle so, dass die Menschheit sowohl in deiner Person, als in der Person eines jeden anderen jederzeit zugleich als Zweck, niemals bloß als Mittel brauchtest.«

In seiner »Kritik der praktischen Vernunft« hat er einen kategorischen Imperativ aufgestellt: »Handle so, als ob die Maxime deiner Handlung durch deinen Willen zum allgemeinen Naturgesetz werden sollte.«

Man unterscheidet im Bereich der Zwecke zwischen Wert und Preis. Ein Wert hat kein Äquivalent in einem Preis. Und menschliche Würde ist ein Zweck »an sich«.

Kant schreibt: »Im Reiche der Zwecke hat alles entweder einen Preis oder eine Würde. Was einen Preis hat, an dessen Stelle kann auch etwas anderes, als Äquivalent gesetzt werden; was dagegen *über allen Preis erhaben* ist, mithin *kein Äquivalent* verstattet, das hat eine *Würde*.

Was sich auf die allgemeinmenschlichen Neigungen und Bedürfnisse bezieht, hat einen Marktpreis; das, was, auch ohne ein Bedürfnis vorauszusetzen, einen gewissen Geschmack, das ist einem *Wohlgefallen* am bloßen zwecklosen Spiel unserer *Gemütskräfte*, gemäß ist, einen *Affektionspreis*; das aber, was die Bedingung ausmacht, unter der allein etwas ›*Zweck an sich*‹ *selbst* sein kann, hat *nicht bloß einen relativen* Wert (d.h. Preis), sondern einen *inneren Wert*, d.h. Würde. Nun ist *Moralität* die Bedingung, unter der allein ein vernünftiges Wesen Zweck an sich selbst sein kann …«

Geschicklichkeit und Fleiß im Arbeiten haben einen Marktpreis.

Kant unterscheidet den Marktpreis (Geldwert) von Affektionspreis (Lust und Glückswert) und diesen von den inneren Werten (Moralwert).

Marktpreis ist das, was Austauschwert ist, der Mehrwert, der äußere Besitz, ein Preis, der unter anderem an der Börse gehandelt wird.

Als *Affektionspreis* können wir heute Freizeit, Industrie und Entertainment als Mittel für Wohlbefinden bezeichnen.

Als innerer Wert gilt all das, was sich nicht rechnet, was also ein innerer Besitz, die Glückseligkeit eines rundum guten Gefühls und guten Gewissens ist.

Welche Mittel entsprechen dem jeweiligen Zweck? Wo die Mittel vom Zweck moralisch abgekoppelt werden, wird der Zweck beschädigt. Wo die Mittel durch die hehren Zwecke geheiligt werden, werden die Mittel gewissermaßen getauft, »sanktioniert«. Solche Überlegungen sind konkret relevant bei der Behandlung des Menschen als Patienten; wird er zum »Patientengut«, steht die Würde auf dem Spiel. Er wird zum Kosten- bzw. Verdienstfaktor im Gesundheitswesen, in der Gesundheits- und Pharmaindustrie.

Auch der alte oder schwerstkranke Mensch ist *noch* ganz Mensch. Und wir sind *schon* »ganz Mensch« – im Mutterleib gebildet, sodann mit einem ersten eigenen Atemzug. Deshalb wird auch die Tötung eines Neugeborenen als Mord einer Person geahndet, genauso wie der Mord an einem Erwachsenen.

Wir sind schon ganz Mensch und bleiben es auch bis zum letzten Atemzug. Wir brauchen am Anfang Hilfe und wir brauchen am Ende Hilfe anderer.

Wir geben Hilfe, wir empfangen Hilfe. Wir haben einen Anspruch in einer sich zivilisiert nennenden Weltgesellschaft, geradezu einen verbrieften Anspruch darauf.

Artikel 1 unseres Grundgesetzes hat schon in seiner feierlichen Sprache etwas Un-Bedingtes: »Die Würde des Menschen ist unantastbar. Sie zu achten und zu schützen ist die Aufgabe allen staatlichen Handelns.« Alles zu tun, dass die Würde des Menschen nicht verletzt wird, weder sozial, noch politisch, noch persönlich.

Wir haben einen »einklagbaren Anspruch in Würde zu leben«, aber zugleich auch einen, »in Würde zu sterben« zu dürfen.

Die jedem Menschen qua Mensch zukommende Würde bedarf – zumal in einer reichen Gesellschaft! – eines (nicht nach »Noch-Lohnendem« fragenden) finanziellen Einsatzes, einer guten medizinischen Hilfe, menschlicher Nähe und persönlichen Beistands, insbesondere dort, wo es um einen (Schwer-)Kranken, einen Behinderten, einen verunglückten oder (sehr) alten Menschen geht. Einsatz, Hilfe, Nähe, Beistand gehören unabdingbar zusammen! Wer das tagtäglich tut, weiß, wie schwer das ist.

In Würde zu sterben heißt, begleitet zu sterben, nicht alleingelassen sein. Seit mehr als 10 Jahren gibt es eine intensive Debatte darüber. Freilich wird sie noch immer nicht genügend in der breiten Öffentlichkeit geführt.

Zu viele verdrängen, was auf jeden von uns als hinfällige Kreaturen mit zunehmendem Alter, nach tragischem Unfall oder bei schwerer Erkrankung zukommt – und wie schön ist es, einen gnädigen Tod nach erfülltem Leben zu finden.

Eine Debatte steht aus über die Überalterung der Gesellschaft und über den Wert des alten Menschen, über dessen Lebenserfahrung, seinen »Nutzwert« und seinen bleibenden humanen Wert – in einer Weltzeit, in der alles berechnet wird, alles zur Ware wird, alles eine Frage des Preises wird. Der Kampf zwischen den immer mehr Alten und immer weniger Jungen läuft noch zivilisiert ab, aber unter der Oberfläche brodelt es. Es hebt ein Kampf der Generationen an, nicht zuletzt angesichts immer horrender werdender Staatsverschuldung, die den nächsten Generationen aufgebürdet wird. Noch nehmen die Jüngeren das hin. Aber ihre Zuversicht für die Zukunft ist schon gebrochen.

Die *noch Gesunden* verweigern eine Auseinandersetzung mit dem (eigenen) Tod. Sterbenlassen bzw. Sterbehilfe wird mittels nicht unproblematisch bleibender *Patientenverfügung beizukommen versucht.* In diesen Fragen hat selbst der Bundestag die sonst üblichen Parteifronten bewusst überschritten.

Welchen Anspruch haben alte und sehr alte Menschen noch auf aufwendige medizinische Betreuung? Und welches Recht hat ein Mensch auf die Selbstbestimmung über sein Leben, über die Möglichkeiten der modernen Medizin, Leben zu verlängern oder den Tod kommen zu lassen? Und welches Recht haben Ärzte oder Angehörige, einen Apparat abzuschalten, ohne die ein Mensch nicht mehr leben kann. Dahinter steht eine Tabu-Frage: nämlich die nach dem eigenen Tod.

Wenn wir kein gelassenes Verhältnis zum Tode bekommen, werden wir vielleicht auch unsinnigste Wiederbelebungs- und Lebensverlängerungspraktiken anwenden. Oder aber es setzt sich ein gefühlskaltes und nutzenorientiertes Abschalten durch.

Inzwischen hat der Bundestag ein Gesetz zur Patientenverfügung ohne Fraktionsdisziplin – wie es so entlarvend heißt – verabschiedet. Lange hatte es im Bundestag keine so ernsthafte, die Fraktionsgrenzen überschreitende, Debatte gegeben!

Dahinter steht nichts mehr und nichts weniger als die Frage, ob wir leben lassen oder auch sterben lassen können. Die Debatte ist angefacht worden durch den Fall der Amerikanerin Terry Schiavo, die 15 Jahre im Koma gelegen hatte und deren Apparatur abgeschaltet worden war, der keine weitere Flüssigkeit mehr zugeführt wurde, so dass sie »verdurstend« starb.

Oder war sie doch schon längst »tot« gewesen?

Ich hatte einen guten Freund, der über drei Jahre lang im Koma gelegen hat. Einzig die Ehefrau bestand darauf, ihn weiter und weiter leben zu lassen, weil hin und wieder auf seinem Gesicht der Schatten eines Lächelns erkennbar gewesen war. Also lebte er und empfand er doch noch... Familie und Freunde kamen darüber in ernsten Dissens.

Der Germanist Walter Jens und der Theologe Hans Küng hatten schon vor Jahren gefordert, dass man Leben nicht um jeden Preis verlängern sollte und hatten für sich die Entscheidung getroffen, dass sie ihrem jeweils vertrautesten Menschen erlauben wollten, bestimmte lebensverlängernde Maßnahmen auszusetzen und sterben zuzulassen.

Nun leidet der große Rhetor Walter Jens an Altersdemenz in schwerster Form. Und alles, was die Eheleute Jens sich vorher zu dieser Frage gedacht hatten, greift nicht mehr. Inge Jens berichtet davon, wie ihr Mann, der kaum noch zu einem einzigen zusammenhängenden, sinnvollen Satz fähig ist, doch eine Angst artikuliert habe, dass er »totgemacht« werden könnte. Er habe gesagt: »Nicht totmachen, bitte nicht totmachen«. Das rührt an und zeigt zugleich die Gratwanderung an, auf der wir uns befinden.

Der Investigativ-Journalist und älteste Sohn schrieb ein Sensationsbuch darüber: »Demenz«. Sein (Über-)Vater kann dazu nichts mehr sagen.

Die Menschlichkeit einer Gesellschaft misst sich daran, wie sie mit ihren Schwachen umgeht und daran, was bei ihr auf dem Müll landet – materiell und geistig.

Zu den Schwachen gehören nun einmal die Alten und Schwerstkranken, denen alle erdenkliche Hilfe zuteil werden muss. Gesunde sollten tunlichst nicht flott darüber verfügen (können), was noch angemessen ist, wenn sich Leben erhalten lässt.

Die Aufgabe der Medizin ist es jedenfalls, in jedem Falle Leben zu erhalten und nicht abzubrechen; wenn hier erst einmal der Damm gebrochen ist, brechen alsbald alle Dämme. Die Kulturnation Deutschland hat immer noch ein Trauma, das Trauma der massenhaften Euthanasie. Der Umgang mit dem Sterben und den Sterbenden hat unmittelbar damit zu tun, wie die Generationen miteinander umgehen, insbesondere, wie viel Respekt und Sorge sie ihren Alten entgegenbringen. Dazu gehört die besondere öffentliche Hochachtung für Pflegende, für deren menschlich, psychisch und physisch schwere Arbeit.

Ich kann als Theologe, der sich an der bleibenden Relevanz biblischer Zeugnisse orientiert, nicht-religiös begründete Einstellungen verstehen und keinesfalls minderachten.

Ich kann nicht vergessen, was ich als Theologiestudent 1965 in einem längeren freiwilligen Praktikum in den Neinstedter Anstalten an täglicher Mühsal für Schwerstbehinderte erlebt und mit-erlitten habe. Auch das Lachen der Betreuten habe ich noch vor Augen …

Und ich habe viele – auch näherstehende – Menschen auf der letzten Lebensreise begleitet, so gut oder schlecht das eben geht. Gerade in einer immer älter werdenden Gesellschaft muss neu nach der Bewertung des Alters und der Alten geredet werden. Eine Erinnerung an das 4. Gebot der Bibel wird überfällig. Dieser alte »Generationenvertrag« kann als frühes zivilisationshistorisches Zeugnis gelten. Mit feurigen Augen kommt Mose nach dem Bericht in Exodus 19–20 vom rauchenden Berge Sinai. Sein Gesicht glänzt noch vom Widerschein des Allerhöchsten. Er bringt zwei Tafeln mit. Erst einmal muss er sie zerschmettern. Beim zweiten Mal hält er sie dem Volke vor. Die erste Tafel regelt die Gottesbeziehung, die zweite regelt die Sozialbeziehungen und beginnt mit dem ersten »Generationenvertrag« der Geschichte: Kinder sollen ihren Vater und ihre Mutter ehren.

Zum Gehorsam der Kinder gehört die Sorge für ihre hinfällig werdenden Eltern. Kinder sind für Eltern da, *wie* die Eltern für die Kinder da waren. Klar bleibt indes eine Machtordnung: immer behalten die Alten das Sagen und erheischen Respekt, bis die Jungen selber Alte sind.

Alle Macht den Alten? Wenn sie nun *zu alt* und *viel zu viele* werden? Die Jungen wollen's und können's nicht mehr tragen, und sie signalisieren den Alten, dass sie sich trollen sollen. Wer heute so über die Alten denkt, vergisst, dass er morgen selber alt sein wird und gerne lange leben will. Das alte Gebot »Du sollst deinen Vater und deine Mutter ehren, auf dass es dir wohl gehe und du lange lebest auf Erden« stellt klar, dass die Alten bis zum Schluss zu ehren sind.

Die Alten tragen ja einen Lebensschatz an Erfahrung und Weisheit mit sich, der den Jungen zugute kommen kann. Starrköpfigkeit ist die andere, nicht leicht zu ertragende Seite… Widerspruch ist ganz natürlich: Nicht immer auf die Alten hören! Selber entscheiden, selber probieren und sich von den Alten emanzipieren. Was aber wird, wenn es zu viele werden, deren »verbriefte« Ansprüche an

Lebensunterhalt und Gesundheitsfürsorge überhandnehmen, nicht mehr tragbar werden?

Wie werden wir fertig mit einer zunehmend überalterten Gesellschaft, wo fast überall Grauköpfe dominieren? Ein bisher nicht gekannter Generationenkonflikt steht uns ins Haus – auf der mentalen, der medizinischen, der sozialökonomischen und auf der politischen Ebene. Ist es in jedermanns/jederfraus Belieben gestellt, Kinder zu haben oder keine zu haben, oder gehört es zu den selbstverständlichen, naturgegebenen und aus eigener Einsicht erwachsenden Verpflichtungen all derer, die Kinder haben können, auch Kinder zu *wollen*?

Zweifellos ist es nicht in unser Belieben gestellt, sondern unsere Verpflichtung: einerseits für die Alten und andererseits für die Kinder zu sorgen, während wir selber in der Blüte unserer Kraft stehen. Das richtet sich nicht gegen Selbstverwirklichung, aber gegen einen Egoismus, aufgeladen mit Karriereideologien.

Die Grundfesten unserer Gesellschaft sind erschüttert; nicht nur, weil es »zu viele Alte« gibt, sondern weil es »zu wenige Junge« gibt. Das Problem wird unsachgemäß auf den Arbeits- und den Finanzminister sowie auf die Gesundheitsministerin verlagert. Zugleich und zuförderst muss es um Familienpolitik gehen. Zuallererst ist unserer Gesellschaft, wie jedem Einzelnen ein grundlegender mentaler Wandel abverlangt mit dem Wiedergewinn alter Weisheiten:

Erstens ist die Fürsorge zunächst eine persönliche und dann eine gesellschaftliche Aufgabe.

Zweitens ist jeder im Prinzip dafür mitverantwortlich, dass es eine natürliche Regeneration, also genügend Kinder gibt, für die man sorgen muss, bis sie für uns sorgen. Der soziale Rahmen muss freilich kinderfreundlicher gestaltet sein.

Drittens soll man Leben nicht um jeden Preis verlängern wollen. Abgeben, Weggeben, Loslassen gehört zur Klugheit der sterblichen Kreatur. Man nannte diese Lebenskunst früher *ars moriendi.*

»Unser Leben währt 70 Jahre, und wenn's hoch kommt, so sind es 80 Jahre. Herr, lehre uns bedenken, dass wir sterben müssen, auf dass wir klug werden« (Psalm 90) – das ist eine Glaubensweisheit, die auf der Gewissheit der Güte Gottes beruht. Beides muss wieder *ins Lot* kommen: Einmal die Bereitschaft, selber für Nachwuchs zu sorgen, und zum anderen die Bereitschaft, sein Leben loszulassen, nicht um jeden Preis weiterleben zu wollen. Das Zeitliche segnen lernen.

Über lebensverlängernde Maßnahmen können freilich die Jungen und Gesunden nur mit den Alten und Kranken gemeinsam entscheiden. Wichtiger wird indes eine sinnvolle Integration der Alten ins gesellschaftliche Leben werden, statt weiterhin einem verlogenen Jugendkult bei immer weniger Jungen zu frönen.

Wer Gott vertraut, stirbt doch nicht ins Nichts, sondern in Gott hinein. Er weiß, dass kein Mensch tiefer fallen kann als in die Arme Gottes. Wer sich so aufgefangen weiß, muss nicht verkrampft festhalten wollen, sobald seine Lebensuhr offensichtlich abläuft. Das bleibt schwer, auch für Christen. Der Apostel Paulus hat das Ablaufen der Lebensuhr tröstlich gewendet. »Leben wir, so leben wir dem Herrn; sterben wir, so sterben wir dem Herrn. Darum, wir leben oder sterben, so sind wir des Herrn.« (Römer 14,8) Ob wir uns an jedes Zipfelchen Leben um jeden Preis klammern wollen oder aber gelassen loslassen können, wenn unser Stündlein kommt – ganz plötzlich mit einem Gehirnschlag, nach einem schweren Unfall, langwährend quälend im Fall einer unheilbaren Krankheit oder in hohem Alter –, das wissen wir alle nicht im Voraus. Es gilt, in persönlicher Verantwortung, Entscheidungen zu treffen. Man wird in Selbstzweifel geraten, aber doch entscheiden müssen, ob wir einem Menschen helfen, das Leben loszulassen – das nannte man früher Sterbebereitung – oder ob wir ihm/ihr, solange er für eine entscheidungsfähige Kommunikation erreichbar ist, Mut machen,

- trotz erheblicher Einschränkungen und Schmerzen weiterzuleben,
- trotz der hohen Pflegeintensität und der Kosten, die dadurch entstehen, ohne Schuldgefühle zu leben und diese Hilfe anzunehmen,
- *oder* aber sich zu sagen:
  es ist genug, das war mein Leben, ich nehme Abschied, es fällt mir schwer, aber ich weiß mich geborgen in liebender Erinnerung und »in Abrahams Schoß«.

All das greift nicht mehr, sowie ein Mensch nicht mehr ansprechbar ist, keine eigene Entscheidungen mehr treffen kann, wo wir vor schwierigsten Grenzentscheidungen stehen, nämlich lebensverlängernde Maßnahmen weiter anzuwenden *oder* sie zu unterlassen, weil die Erwartung, dass er/sie wieder aus dem Koma erwachen, gen Null tendiert.

Das Dilemma kann uns niemand abnehmen. Und keiner kann es allein lösen.

Summa summarum: Solange es (uns) gut geht – »fröhlich zu sein in seiner Arbeit«. (vgl. Prediger 3,22)

Freiheit gewinnen

»Es ist alles erlaubt« schreibt der Apostel Paulus. Alles ist erlaubt!

Das ist eine Eröffnung, eine Befreiung, eine freisetzende Erlaubnis. Wunderbar! Frei von jeder Bevormundung, jeder lebenstötenden Regel, jeder Fremdbestimmung. Du kannst bestimmen. Du bist souverän.

Dazu gehört es freilich, den Mut zu haben, sich seines eigenen Verstandes ohne Anleitung eines anderen zu bedienen. Ohne ein bisschen Mut und ohne ein bisschen Verstand ist diese Freiheitserlaubnis eine Schimäre. Selbstverantwortet, also autonom zu denken und zu handeln, bedeutet, mehr Mut zu gewinnen, den Verstand zu schärfen, um dann in einer geläuterten Freiheit einsichtsvoll zu handeln. Das ist nicht die »andere Seite« der Freiheit, sondern: Es ist das Wesen der menschlichen Freiheit als menschlicher Freiheit, dass sie selbstbestimmt und verantwortlich für den anderen wie für sich selbst wahrgenommen wird – aus Achtung für den anderen ebenso wie aus Selbstachtung, – aus Liebe und aus Eigeninteresse, aus Rücksicht wie aus Einsicht.

Der Apostel Paulus schärft es uns in eindrücklicher Weise ein, was die »herrliche Freiheit der Kinder Gottes« ist (Römer 8,21). Eine Eröffnung *und* eine Einschränkung, allerdings nur um des Mitmenschen willen:.

»Alles ist erlaubt, aber es nützt nicht alles. Alles ist erlaubt, aber es baut nicht alles auf. Niemand suche das Seine, sondern das, was des anderen ist.« (1. Korinther 10,23)

»So bestehet nun in der Freiheit, zu der uns Christus befreit hat. Lasst euch nicht wieder in das knechtische Joch fangen.« (Galater 5,1)

Es ist uns im Prinzip alles erlaubt, aber es ist nicht alles sinnvoll.

Was aber sinnvoll und förderlich ist, das entscheidet der freie, der autonome Mensch. Und das ist keine eingeschränkte Freiheit, sondern die sinnvolle, souveräne, in *Freiheit der Einsicht* gewonnene eigene Entscheidung, verbunden mit dem Wissen um das Zuträgliche und dem anderen Zumutbare, wo du zugleich alles im Auge behältst, was das Maß des Menschlichen, was das menschliche Maß ist. Der freie Mensch braucht das freie Gegenüber als unentbehrlichen Partner, denn so leicht und so eindeutig ist es selten, was gut, sinnvoll, zuträglich und nachhaltig ist. Die Freiheit der Einsichtigen setzt sich Grenzen. Freiheit ist Einsicht – eine Einsicht in das Notwendige, Sinnvolle, Förderliche, aber eben als Einsicht von freien und nicht von Fremdbestimmten.

Eine freie Entscheidung braucht *Wissen,* worum es geht, was zur Entscheidung steht, welche *Alternativen* vorliegen, welches die *Folgen* der eigenen Entscheidung wären. Die freie Entscheidung braucht schließlich das *Wagnis* des Handelns, wissend, dass nie alles ganz gut ist, sondern alles an der Zweideutigkeit des Lebens teilhat. Unser Wohlstand ist an Energie- und Ressourcenverbrauch gebunden. Mit allen Folgen. Erinnert sei nur an die Energie- und Klimafragen, an den geöffneten Höllenschlund im Golf von Mexiko, an die Feuerwalze in Russland, nahe der Atomkraftwerke und eine smogverdüsterte Hauptstadt, an die Überschwemmungskatastrophen in Pakistan und China in dem bisher wärmsten Jahr 2010. Und an das Scheitern der Klimakonferenz in Kopenhagen …

Freiheit als Parole wird leicht hohl- und missbrauchbar. Wer Freiheit will, muss Dummheit bekämpfen. Oder, lieber positiv ausgedrückt: er muss auf Bildung setzen.

Wo Dumme entscheiden, wird das Entschiedene dumm. Und Dummheit hat es eben an sich, dass sie nicht weiß, wie dumm, wie verführt und wie verführbar sie ist, wie wenig bedacht auf Wirkung, Gesamtzusammenhänge oder gar Langzeitfolgen. Wir haben schließlich eine Generationenverantwortung und eine generationenübergreifende Verantwortung. (Das entscheidet im Kampf um jeden Baum *und* um die Regenwälder!)

Sich bilden heißt, das Sach- und das Orientierungswissen zu erweitern, heißt, an seiner Charakterbildung zu arbeiten und so etwas wie ein »gutes Gefühl« für das Richtige entwickeln. Dazu braucht man Maßstäbe. Die Heilige Schrift setzt Maßstäbe, stößt uns auch auf unsere Verirrungen, setzt Lichtpunkte und verschweigt nicht die Sackgassen. Welch tiefe Lebensweisheiten stecken in den Gleichnissen Jesu: Vom verlorenen Sohn. Vom barmherzigen Samariter. Von den anvertrauten Pfunden.

Oder an die dramatischen Zuspitzungen: Man kann nicht zwei Herren dienen, Gott und dem Mammon. Auch der Feind ist ein Mensch, der unsere Zuneigung verdient, als Mensch. Der Kontext, in dem viele uns wertvolle, ja heilig erscheinende Worte gebraucht werden, spricht immer mit und er spricht Bände. Wo die Worte »Arbeit« und »frei« verbunden werden, wo eine zynische Parole zum Menschheitsschrecken wurde: »Arbeit macht frei.«

Oder, was bedeutete vor 1937 das Schild vor einer deutschen Kleinstadt »Judenfrei« und was heißt es heute, wenn selbsternannte Saubermänner von Rechts Orte für »ausländerfrei« erklären?!

Die Zeitung, die die Menschen vier Jahrzehnte lang unter Zensurhoheit in die Hand bekamen, von der SED Bezirksleitung herausgegeben, trug den Namen FREIHEIT. Das Erlaubniswesen war im Wesentlichen ein Knebelungs- und Verbotswesen.

Doch die Worte frei und Freiheit haben ihre Leuchtkraft nie verloren.

Wie schön, wenn wir *sorgenfrei* sind,

wenn ein großer Konflikt – auch im Kleinen! – *gewaltfrei* gelöst wird,

wenn die Gerätschaft eines Arztes, eines Chirurgen *keimfrei* ist,

wenn das Essen *giftfrei* ist und ein Mensch endlich wieder *drogenfrei* wurde.

Wie wunderbar, wenn an einer Grenze mit *Schussfreiheit* nun *freier Grenzverkehr* herrscht …

Wie leuchtet das Wort »frei« …

Sorgenfrei. Atomwaffenfrei. Krisenfrei. Einwand-frei. Gastfrei. Vorurteilsfrei. Gebührenfrei. Freie Fahrt mit Freifahrtschein …

So schön, so erleichternd, so eröffnend der Satz »Alles ist erlaubt« wirkt, so offenbart sich sogleich seine Doppelgesichtigkeit.

Du kannst mit 190 auf der Autobahn in einem Landrover an allen benzinfressend vorbeidüsen. Du kannst um 24 Uhr, umgeben von schlafbedürftigen Mitbewohnern, dein Radio laut anmachen. Du kannst berichten über frei erfundene Gerüchte, die es über einen Menschen gibt, indem du keine Tatsache behauptest, sondern nur von Gerüchten berichtest. Du kannst die »Junge Freiheit« lesen oder deine tägliche Portion buntes Zeug mit Klatsch und Tratsch konsumieren, überdies deine Kinder und Enkel mit Computerspielen versorgen. Das erspart die Mühe der Erziehung. Du kannst dreimal so viel Lebensmittel kaufen wie du brauchst und die Reste einfach wegwerfen. Du kannst den ganzen Tag lang den Fernseher mit Blödmacherprogrammen laufen lassen und deine Kinder auch.

Dir kann egal sein, was in der Welt schief läuft, solange es dir noch gut geht.

Du kannst von jeder Wahl fernbleiben und dich ohne jeden eigenen Einsatz für das Gemeinwesen über die Gewählten hermachen. Du kannst im Intercity stundenlang am Handy sitzen und das ganze Abteil mit deinem Persönlichsten und allem Banalsten zudröhnen, dass andere jede Konzentration verlieren, ihr Buch weiter zu lesen.

Du kannst dich vollaufen lassen. Alles das kannst du.

Das alles ist legal, auch wenn es nicht legitim ist und schon gar nicht förderlich.

Freiheit ist als menschliche Freiheit so *schön wie anstrengend.*

Freiheit, das ist positiv:

die Atemfreiheit, die Gedankenfreiheit, die Versammlungsfreiheit, die Bewegungsfreiheit, Selbstentfaltungsfreiheit, Gestaltungsfreiheit in Räumen, die dir gehören, Freiheit, deinen Wohnort zu bestimmen, deinen Beruf zu suchen, deinen Partner und deine Partnerin zu wählen, deine Freizeit zu gestalten und dem Staat nie wieder zu erlauben, in die bürgerlichen Freiheitsrechte einzudringen und sie zu beschränken oder gar außer Kraft zu setzen.

Und nicht zuletzt: fei von Armut sein, sich zu entfalten in einer sinnvollen Arbeit…

Freiheit braucht Gerechtigkeit, die aus aktiver Brüderlichkeit, aus Geschwisterlichkeit und Solidarität erwächst, die nie von allein kommt.

Vor über 40 Jahren, 1968, als die Tschechen sich die Freiheit des Wortes erkämpft hatten, schrieb Reiner Kunze: »Unwissende/damit ihr unwissend bleibt/werden wir euch schulen.« Das ist vorbei. Ein Glück. Heute, in der Freiheit, gibt es zu viele freiwillige Unwissenheit durch den Konsum regelmäßiger Balkenparolen für 60 Cent im Hirn oder durch Billigsoaps in der Seele oder durch Monsterfilme im Traum. Zur Freiheit gehört es eben nicht und nie, unter seinen Möglichkeiten zu bleiben, statt dem Leben die Tiefe zu geben, die es verdient und die in uns ist, die den Reichtum unseres Daseins ausmacht, die uns in eine Mitverantwortung für das Ganze ruft.

Eine der großen Freiheiten ist die Erlaubnis, das, *was man denkt, auch öffentlich zu machen.* Das setzt freilich voraus, dass man das, was man frei denken darf auch wirklich gedacht hat und dass man mit dem, was man über andere sagt, schreibt oder druckt, dem anderen oder der Sache auch gerecht wird. Es ist im Prinzip alles erlaubt zu sagen, zu verbreiten. Aber es ist nicht zuträglich, alles genüsslich aufzudecken, bis das Aus kommt. Wir erleben es wieder und wieder, wie man in kleinere Konflikte größerer Gruppen einfach unentwegt publizistisch »reinhält«, Differenzen anonym groß macht und hernach genüsslich zusieht, wie die angeschossenen Matadore übereinander herfallen.

Es breitet sich ein allgemeines genüssliches Zusehen aus, wie das Objekt der medialen Hatz fällt, wie es genervt reagiert, wie es sich »ziemlich dünnhäutig« zeigt. Das hat inzwischen gar einen Bundespräsidenten zum Rücktritt getrieben. Und dann stochern und sticheln sie weiter. Sie selber stehen meist selber meinungslos draußen, schreiben heute so und morgen so, übernehmen für nichts eine Verantwortung, sehen nur gespannt in der Pose von mutigen Saubermännern mit Unschuldsmienen zu. Am Schluss erklären sie, sie hätten doch nur die Wahrheit gesagt, nur öffentlich gemacht, was man hätte gern verborgen gesehen oder endlich ausgesprochen, was tabuisiert worden sei. Die Sarrazin-Affäre lebte von einem Zusammenspiel zwischen dem Krawallmacher, der öffentliche Neugier heischenden Vorabpresse für dessen Buch, zugespitzter Interviews und der folgenden politischen Empörung, wobei die die Debatte anheizende Publizistik nun nach mehr Sachlichkeit ruft. Gewonnen hat der Autor, verstärkt wurden vorhandene Klischees, verloren hat vorerst die ernsthaftere

Debatte über die Lösung vielfach nicht gelungener Integration von Zuwanderern.

Freilich, was im Lande faul, unzuträglich, unverantwortlich ist oder unter dem Deckel gehalten wird, muss auch aufgedeckt werden, ohne Ansehen der Person und ohne Angst vor Tabuverletzungen, wenn diese ein Problem einfach schwären lassen.

Immer häufiger entwickelt sich eine übereifrige Saubermännermanie, bis davon nur noch die erste Silbe übrig bleibt: *Sau.* Die Aufgabe, etwas öffentlich zu machen, verkommt lediglich zur Sensationsmache und zum Auflagen steigernden Kalkül.

Hauptsache, es ist ordentlich aufgemotzt, unabhängig davon, wie es denen geht, über die gemotzt wurde. Wer versetzt sich in die hinein, die erst einmal etwas an der Backe haben, was sie nie wieder loswerden, so sehr es auch entkräftet, widerlegt oder differenziert wurde?

Der »Fall Kachelmann« wurde zum publizistischen Sündenfall, ganz unabhängig davon, wie der Prozess ausgeht. Freiheit bewährt sich nicht zuletzt im Respekt vor der Würde des Menschen. Sie ist ein so hohes Gut, dass man sehr verantwortlich damit umgehen muss, da es sich schließlich um Menschen handelt. Und doch und doch und doch:

Gepriesen sei die Freiheit, gelobt sei der Zweifel, gefeiert sei, dass wir nicht mehr Fremdbestimmte sind, sondern zur freien Einsicht Berufene! Unter Bedingungen der Unfreiheit bedarf es des Mutes, sich die Freiheit selber mit allen Risiken zu nehmen; in der Demokratie ist es die Pflicht, alles zu tun, um sie gegen alle Angriffe zu erhalten.

So war es im September 2010 kein Mut von der Kanzlerin, öffentlich für den dänischen Karikaturisten Westergaard einzutreten. 1978 für Bahro einzutreten wäre Mut gewesen.

Freiheit ist nicht nur mit der Verantwortung für unsere Nächsten verknüpft – sie fällt damit zusammen. Die Freiheit meines Ellenbogens endet an den Rippen des anderen. Die Freiheit zur Mehrung meines Reichtums endet an der Fürsorgepflicht für die Armen. Die Freiheit, alles zu sagen, endet an der Würde des anderen. Die Freiheit unseres unbegrenzten Ressourcenverbrauchs endet an der Lebensmöglichkeit künftiger Generationen. Alles ist erlaubt, aber keiner suche nur das Seine, sondern das, was des anderen ist und vertraue darauf, dass der andere das genauso sieht.

»So besteht nun in der Freiheit!« ruft Paulus uns Heutigen zu.

Hoffnung behalten

Die Seligpreisungen der Bergpredigt sind ein ermutigendes Kontrastprogramm für die festgefahrene Welt. Sie gehören zum Wärmestrom der menschlichen Geschichte von Gerechtigkeit und Barmherzigkeit, mitten im Kältestrom von Geld-, Macht- und Gewinnstreben. Sie bilden den Auftakt zu einem der provokantesten Texte unserer Zivilisation. Die Bergpredigt ist mehr und etwas anderes als ein (unerfüllbarer) Moralkatalog. Sie ist ein Lebens-, sie ist ein Glücksversprechen.

Wo redet Jesus, wann, zu wem, mit welchem Ziel?

I.

In einem Winkel der Welt – fernab vom mächtig-prächtigen Rom, diesem Welthegemon mit zynischer Machtarroganz und gewissensresistenter Anmaßung, über die Ressourcen der Welt frei zu verfügen, grenzenlos für den eigenen Bedarf abzuholzen, bis nur noch Wüsten wachsen, mit seiner unschlagbaren Armee, unerreichbar auf den höchsten technischen Stand gerüstet, Toleranz ausübend aus dem selbstsicheren Gefühl völliger Übermacht: Sollen doch die kleinen Leute sagen, was sie wollen!; der Großmacht können sie nichts anhaben. Alles wird im Echolot, im »Echolon« erfasst. (Im Übrigen haben die Geheimdienste alles unter Kontrolle. Wenn da einzelne terroristische Geplänkel wie Makkabäer-Aufstände aufflammen, wird kurz einmal mit aller Abschreckungsmacht zugeschlagen, wenn nötig präventiv.)

Wer die Macht hat, setzt das Recht, sagt Rom. Und es finden sich überall Willige, die willfährig alle Entscheidungen Roms nachvollziehen. Wer Rom nahe ist, bekommt etwas ab vom Machtkuchen. Vasallentum heißt das seitdem. Oder Nibelungentreue. Oder im Klartext geredet: anbiederische Feigheit. Vom Kapitol aus wird regiert, die Provinz pariert und Cäsar paradiert. Furchterregend, mit narzisstischem Imponiergehabe schreitet er seine Kohorten ab. Es ist das Imponiergehabe selbstwertschwacher Machtmänner – mit jahrtausendelanger Tradition.

Dagegen steht der kleine Wanderprediger aus der »Provinz der Provinz«, aus Galiläa, auf. Er hat viel mehr Mut als die Mächtigen. Er braucht keine machtvollen Inszenierungen. Da setzt er sich auf einen Hügel über dem See Genezareth und hält für seine Jünger – und vielleicht für ein paar hundert Leute – eine Rede, die die Welt bewegen sollte, Worte, die alle diese Römlinge überdauern sollten – eine Rede voller Hoffnung, voller Widerspruch und voller Überraschung.

Was traut er sich? Er spricht zu ganz einfachen Leuten über das ganz Große, das große Ganze, von einem kleinen Winkel der Welt aus. Er ist der, der jeden Einzelnen hoch würdigt – in seiner besonderen Begabung und in seinem täglichen Tun und »Amt«. Nicht von dessen Macht, Pracht, Herrlichkeit, Bildung oder Reichtum her sieht er ihn. Er ist einer, der das Herz ansieht und den Reichtum preist, der in einem Menschen steckt und denjenigen geißelt, der äußeren Reichtum vor sich herträgt, keinen Gedanken darauf verschwendend, wie andere leben und überleben können. Große, wärmende, ermutigende und sperrige Sätze sagt er, uneinholbar, unübertreffbar, unerfüllbar.

Ich versuche, seinen Worten in meinen Worten nachzusinnen:

»Selig seid ihr, die ihr nicht nachlasst, nach einem Leben in Würde für alle, nach Menschenrechten und sozialer Gerechtigkeit zu streben.

Selig seid ihr, die ihr selbst bereit seid, Einschnitte mitzutragen, denn das wird euch allen zugute kommen, sowie ihr euch nicht an den Reicheren, sondern an den Ärmeren orientiert.

Selig seid ihr Warmherzigen, denn durch euch wird das Eis der Bitternis schmelzen.

Selig, wenn ihr euch freimacht von allen Gedanken, Gefühlen und Taten der Vergeltung – und friedfertige Friedenmacher werdet, allen Gewaltanbetern gewaltig-gewaltlos entgegentretend. Gottes Kinder seid ihr. Selig seid ihr Offenherzigen, denn ihr werdet vom Licht der Wahrheit erleuchtet. Selig seid ihr, die ihr den Lügen nicht auf den Leim geht, die ihr wahrhaftig bleibt und mit einem getrösteten Gewissen lebt – so werdet ihr etwas von Gott selbst schauen. Selig seid ihr, wenn ihr Rückschläge, Verachtung, Belächelung, Verunglimpfung ertragt. Ihr werdet Gewissheit finden und die Geduld lernen, dass das Richtige, Wichtige und Weiterhelfende auf Widerstand stößt.

Nur eure Zuversicht wird euch tragen.«

Martin Luther bedenkt, bevor er die Seligpreisungen auslegt, den einleitenden Satz, den man allzu leicht als bloße Regieanweisung überhört: »Als er aber das Volk sah, ging er auf einen Berg und setzte sich; und seine Jünger traten zu ihm. Und er tat seinen Mund auf, lehrte sie und sprach …«

An manchen alten Kanzeltüren steht eine vereinfachte Version: »Tritt frisch auf, mach's Maul auf, hör' bald auf.«

Das ist die wichtigste Regieanweisung für jeden Prediger, meint Luther. Der größte Prediger sei Jesus gewesen, der uns seine Botschaft in der Bergpredigt mit all ihren kurzen, einprägsamen Sätzen ins Stammbuch geschrieben habe. Das Erste: dass da einer mit Gewissheit, Zuversicht und aller ihm zur Verfügung stehenden Kraft auftritt, geradeheraus redet oder »ganz öffentlich hervortritt und niemanden scheut, nicht im Verborgenen, sondern hoch oben auf dem Berg und ganz öffentlich im Hellen sich hören lässt«.

Das Zweite ist, dass er seinen Mund aufmacht, frisch und getrost, nichts verschweigt oder nur murmelt, sodann unerschrocken bekennt und klar heraus sagt, auf niemanden Rücksicht nehmend, noch jemanden schonend, es treffe, wen oder was es wolle. »Nicht das sagen, was man gern hört und was man nicht gern hört, kein Blatt vor den Mund nehmen, schon gar nicht gegenüber den hohen Herren: Weder auf gnädige noch auf zornige Herren und Jungherren, Gold, Reichtum, Ehre, Gewalt noch Schande, Armut oder Schaden Rücksicht nehmen und an nichts weiter denken, als dass er rede, was sein Amt fordert, um dessentwillen er dasteht.« Die Wahrheit soll an den Tag, öffentlich, auch wenn man damit Widerspruch und Unverständnis erntet, fordert Luther.

Von der Kanzel herab wird man nicht darüber belehrt, wie man sein Brot verdienen, wie man Bürgermeister sein kann, wie man sein Feld pflügt oder Heu macht. Das alles seien zeitliche Güter, um dieses Leben zu erhalten, und »das hat die Vernunft alles einen jeden von euch gelehrt«. Dieses Leben sollen wir nutzen und auch den Bauch nähren, solange es währt. »Jedoch so, dass du weißt, wo du bleiben und leben sollst, wenn dies aufhören muss.«

Alle unsere Tage haben wir *sub specie aeternitatis* (unter dem Blickwinkel der Ewigkeit – unter ihrem Schatten und in ihrem Licht) zu leben. Es geht nicht um kleinliche, nicht um kleine Dinge. Hier geht es ums Ganze und darin um jeden einzelnen ganz. Deswegen weiß Luther, dass hier etwas zu sagen ist, was quer zu der *Zeit*, in der wir leben, quer zu der *Welt*, in der wir leben, und quer zu den *Antrieben*, von denen wir uns treiben lassen, steht.

Und das Dritte: dass man auch aufhören kann, dass man nicht viele Worte macht, dass man die Worte in ihrer inneren Kraft stehen lässt und sodann selber vor diesem Wort besteht.

Die Seligpreisungen stimmen eine neue Melodie für diese Welt an. Sie überschreiten, was ist. Das sind Kontrast- und Widerspruchssätze, Ermutigungs- und Hoffnungssätze. Sie betreffen das Außen der Welt und das Innere unseres Denkens und Fühlens. Solche Sätze finden mächtige Gegner, die so feige sind, dass sie auf Gewalt und Krieg, Lüge und Manipulation, dass sie permanent auf Selbstrechtfertigung und gewiefte Verdrehung setzen. Mächtige Gegner in der Gestalt Finis und Berlusconis, Saddams und Rumsfelds, Putins und Bassajews, der Radikalen in Palästina und in Israel, der hohen Herren überall, ob in China oder Nordkorea, in Simbabwe, im Iran oder in Libyen, im Kongo oder im Sudan.

Zu wem werden diese Sätze gesprochen? Zuerst zur kleinen Schar der Entschlossenen. Sodann zu jedem Menschen, denn in jedem ist ein Mensch, dem das gilt. Und in jedem ist ein Mensch, der dem ständig widerspricht. Jeder wird ermutigt! Obwohl in jedem eine gewisse Selbstgerechtigkeit steckt, wonach die Eigenen die »Guten«, die Fremden und Andersgläubigen die »Bösen« seien. Für die Guten ist stets jedes Mittel im Kampf gegen die Bösen gerechtfertigt, weil die Mittel der Bösen natürlich noch viel böser sind als die der Guten. Das ist ein Refrain, der durch die Jahrtausende hindurch immer wieder gesungen wurde. *Dahinein und dagegen sprechen* diese Sätze Jesu auf dem kleinen Berg in der Provinz. Sie gelten der ganzen großen Welt und jedem Einzelnen ganz.

Die Weltgeschichte nicht auf das Räuber- und Gendarmenspiel zurückführen! Keine Generation soll wieder in archaische Muster zurückfallen. Jesus fordert auf, endlich archaisch-destruktive Muster zu verlassen. Dazu bedarf es der Selbsterkenntnis, welche Muster es sind, in die man zurückfällt, sobald man in Konfliktsituationen kommt. Wenn ein anderer etwas Böses tut, kommt es zum Ernstfall. Was dann tun? Stecken die Mittel des Bösen wie ein Virus an oder nicht? Wird Eskalation vermieden, durch mich?

Die Störung der Mitmenschlichkeit lauert nicht nur außerhalb; sie lauert zuvörderst *in* jedem Menschen selbst. Die Seligpreisungen entfalten, wie der Mensch gemeint ist, wenn er dem anderen ein Helfer, ein glücklicher *und* ein beglückender Helfer wird. Die Seligpreisungen besingen das wiederhergestellte menschliche Antlitz mitten in unserer Welt. Außerhalb des Paradieses geschieht Paradiesisches.

Indikativ und Imperativ sind paradox ineinander verschränkt; sie lassen einander nicht mehr los. Also: Sei, der du bist, und werd', der du sein kannst!

Das ist die Umwertung der Werte, die in unserer kapitalistischen, am Gewinn und Gewinnen orientierten Welt gelten, in der Welt der Konkurrenz, des Ausstechens, des Übervorteilens, der Macht und der gewaltsamen Konfliktlösung, der Unaufrichtigkeit, der Härte und Unbarmherzigkeit, der Gleichgültigkeit gegenüber den Armen und der Armut, der Welt der Bestechung und der Berechnung. In diese Welt hinein werden solche Widerspruchssätze gesagt, in die Welt des real existierenden Kapitalismus. Den real existierenden Sozialismus hat es nie gegeben; aber den anderen, den gibt es ganz real. Er beruht auf *einem* Prinzip:

dem der Konkurrenz, dem Recht des Stärkeren und des Erfolg-Reichen. Unser Gesellschaftsmodell folgt Darwinschen Verdrängungsprinzipien: die Starken gegen die Schwächeren, die Gesunden gegen die Kranken, die Durchsetzungsfähigen gegen die Sensiblen.

Unsere Demokratie ist der manchmal gelingende, manchmal vergebliche Versuch, diese Prinzipien zu zivilisieren oder zumindest abzumildern, sie im besten Falle umzumünzen und im Sinne einer Gewinn-Beteiligung möglichst vieler nutzbar zu machen.

Es geht nicht allein um die Widersprüche der Welt, in der wir leben, sondern zuerst um den Widerspruch, der wir selbst sind, um den Widerspruch zwischen dem, was wir als richtig, gut, förderlich erkennen und dem, was wir tatsächlich tun. Zwei Kräfte wirken in jedem: Die eine Kraft im Menschen genießt es, andere unter sich zu sehen. Die andere Seite spürt, wie anstrengend es ist, böse zu sein oder in einem beständigen Durchsetzungskampf zu leben.

Diese Seligpreisungen enthalten eine Behauptung und ein Versprechen: Würden wir *so* sein, wäre (fast) alles gut. Jeder kann die Erfahrung machen, wie gut es tut, einander gut zu sein, einander aufzuhelfen, zärtlich, behutsam, sanftmütig, offen und friedsam zu bleiben. So eine Art Dauer-Weihnachten zu erleben! Alle geben ihr Bestes, auch ich. Für Stunden wenigstens.

Zugleich leben wir in der Welt, in der der Sieger gilt, der Verlierer verachtet wird.

Was uns in diesen Versen aufgetragen ist: dass sie sich über ihre animalische Existenz hinaus entwickeln, Menschsein als Mitmenschsein und als Mitkreatürlichkeit zu entdecken.

Diese Worte sind nicht U-topos – Sätze ohne einen Ort.

Sie suchen einen Platz bei jedem, in jedem. Nur verschweige man nicht die Differenz, die zwischen dem eigenen Tun und dem, was da steht, sich auftut. Keiner rede sich auf seine Schwachheit heraus, sondern wage es auf dieses Wort, auf dieses erfreuliche Gegenwort, auf dieses herzbewegende Manifest. Das ist keine Parolensammlung für eine gewaltsame Umwälzung, das ist auf die Umwertung der Werte aus, die bislang gelten. Die Welt, wie sie ist, und die Welt, wie sie sein soll – beides steht uns vor Augen.

Ich, wie ich bin, und ich, wie ich sein soll. Ich sehe mich im Spiegel – und ich sehe mich im Zwiespalt. So kann die Welt sein, so *soll* sie nicht nur sein, so *kann* sie sein: glücklich, selig, sinnerfüllt, befreit, gelöst! Sei du der, der du bist, und halte mehr für möglich, als du von dir denkst! Jesus preist glücklich, wer wir auch sind, wenn wir es wagen, was wir sein können. Mittenhier.

Diese Worte stehen nicht nur im Kontrast zu *der Welt*, in der der Einzelne lebt, sondern auch im Kontrast zu dem, wie *jeder einzelne* lebt. Erfahrung, Vorsicht und Rücksicht flüstern einem ein, dass jeder, der so leben würde, nicht durchkommen könne. Also reiht man sich in die Welt derer ein, die sich drängeln und andere wegdrängeln. Und doch kann jeder wissen, dass nur ein rücksichtsvolles Leben dem Leben Zukunft schenkt. So zu leben, täte allen gut, selbst der Natur und aller Kreatur.

Wir sehen und erleiden den Widerspruch, in dem wir alle miteinander stecken. Hier lässt sich nicht mehr in der dritten Person oder gar abstrakt von Humanität reden. Hier gilt es, ICH zu sagen: Ich lasse mir Worte gesagt sein, die mir zutrauen, dass ich anders kann. Ich, der ich zugleich so tief im Morast einer Welt stecke, deren Teil ich bin. Mitten in diese Welt, die in lauter Sackgassen rennt – und diese Sackgassen »Realitätssinn« nennt – wirft Jesus seine Einsprüche: freundlich, erwärmend, klar. Und immer wieder stehen diese Worte vor jedem: leuchtend, nicht drohend, einladend, nicht abweisend.

Ernst Barlach hat mit seiner Skulptur »Der lehrende Christus« genau den Jesus gezeigt, der nicht droht, der nicht den erhobenen Zeigefinger zeigt. Er lehrt in der Geste der Einladung: Er legt dar, er lebt vor, er macht keine Angst. Zu dem kannst du gehen! Das ist jene befreiende Offenheit, die ein Gespräch eröffnet.

Jesus redet nicht in die erwünschte, sondern in die wirkliche Welt hinein. Die Welt – das sind wir alle zusammen – in krassem Widerspruch zu dem Leben, was ein Leben im Geiste Christi wird. Seine Maximen weisen täglich Wege *in* der Gefahr, nicht schnelle Wege *aus* der Gefahr, Wege *in* den Problemen, nicht gleich *aus* allen Problemen in eine Alles-ist-doch-gut-Welt. Der, der zu seinen Zuhörern Aug in Aug redet, hat ein waches Auge, ein offenes Ohr und ein mitfühlendes Herz für die Welt, in der gehungert wird, in der Krieg geführt wird, in der gelogen wird, in der man Härte zeigt, in der man selbst zum Kieselstein wird. Jesus ist kein Illusionist, kein Utopist, kein Gut-drauf-Apostel.

So wahr seine Sätze sind, so wahr ist die bittere Erfahrung, dass die Erfolgreichen, die Begüterten und Begabten, die Günstlinge der Begünstigten das Geschick der Welt bestimmen. Die Anpassung an die »harten Regeln« der Konkurrenz gilt als »Kern der Gesundheit«.

Da gelten andere Maximen, und die hören sich so an:

»Glücklich sind, die cool bleiben; sie überstehen alles kerngesund.

Glücklich, wer zur Erbengeneration gehört; er braucht sich keine Gedanken um seine Zukunft zu machen.

Glücklich sind die Abgeklärten, die einen kühlen Verstand und ein gesundes Misstrauen haben, die haben immer recht und werden nicht enttäuscht.

In die Faust lachen sich die, die sich mit Macht durchzusetzen verstehen, denn sie drängeln alle beiseite und kommen groß raus.

Glücklich sind die, die stets mit den Wölfen heulen, mit der Meute rennen und sich ihren Happen zu sichern wissen.

Glücklich, wer es versteht, immer auf der Siegerseite zu stehen, wer es versteht, die gesetzlichen Schlupflöcher für sich zu nutzen, denn er ist nicht zu fassen.«

Satz und Gegensatz, Satz der harten Erfahrung und Satz der sanften Veränderung!

Zweitausend Jahre später ist die Alternative noch klarer sichtbar: Entweder wir werden *so*, wie Jesus das beschreibt, leben, oder wir werden die Welt und uns selbst zerrütten.

Gib nicht auf, gib dich nicht auf. Dir ist viel zugetraut und deswegen auch etwas zugemutet.

Wisse, die Menschheit kann anfangen – mit dir, jeden Tag.

Achte das Kleine nicht gering, denn du bist auch ein Kleiner. Und das Kleine ist ganz groß, wenn du das dir Gemäße an deinem Ort lebst – mit Gefühl und Verstand.

Es ist der Vorschein der neuen Welt, mitten in den Fesseln der alten Welt. Zugleich machen diese Seligpreisungen deutlich, wie unendlich groß der Abstand ist, also: wie sehr wir Zeit-Genossen der *Gnade* bedürfen – immer wieder Versagende und Verzagende.

Zugleich mit der Unerfüllbarkeit wird die *Rationalität* dieser Maximen erkennbar, im Individuellen wie im Politischen.

Solche Sätze ermutigen, zu überschreiten, was *ist*. Denn: »Wer will, dass die Welt so bleibt, wie sie ist, will nicht, dass sie bleibt«. Auf diese Formel hat einst Erich Fried das

Problem gebracht. Solche Sätze *überführen*, solche Sätze *orientieren*, und solche Sätze helfen, zu *transzendieren*.

Wir leben – wohl in jeder Zeit! – in einer Welt, in der einige mächtig und die anderen ohnmächtig sind, wo einige verschlagen und andere Geschlagene sind, wo einige immer mehr haben wollen und viele daher immer weniger haben, wo einige Geschichte machen müssen, mit allen anderen Geschichte gemacht wird, wo einige über Leichen gehen und es nicht spüren. Da heißt es dagegenhalten: Das Leiden der anderen sehen, Und es als Glück erfahren, Leiden zu lindern! Hinsehen, nicht wegsehen! Durchsehen, nicht drüber hinwegsehen! Aus Sorge *Für*sorge werden lassen!

Die Seligpreisungen, zuallererst diese Seligpreisungen, gehören auch – auch nicht zuletzt! – ins Ohr derer, die über die Welt herrschen: in das der Staatslenker, Medien- und Wirtschaftmogule. Merkt ihr eigentlich den Widerspruch noch, spürt ihr, in welche Sackgassen ihr uns führt?

Diese Worte stehen gegen jede Zeit. Sie sind ein Stachel im Fleisch, zu jeder Zeit. Sie richten sich gegen die in Menschen und unter Menschen herrschenden, archaischen Antriebe, gegen die Zweiteilung der Welt, gegen Geldmacht und Vergeltung, gegen Macht- und Übermachtdenken. Sie sind auf die Humanisierung schlechthin aus, auf eine Humanisierung, die sich nicht gegen die andere Kreatur richtet. Wer ihnen traut, hält an dem *Mut* fest, *sanft* zu sein – mitten in einer Welt von Druck und Gegendruck, wo sensible Menschen als »Weicheier« verspottet werden und die »Hardliner« mit eisernem Lächeln Mehrheiten gewinnen, wo holzschnittartige Reden Zustimmung erheischen, weil sie allen die ärgerliche oder anstrengende Differenzierung ersparen.

Eins muss immer im Bewusstsein bleiben: Jesus beginnt nicht mit erschreckenden und überfordernden Imperativen, sondern mit kräftigen Zusprüchen: So könnt ihr sein, so werdet ihr sein! Das Wunderbare ist euch zugetraut. Traut es euch doch auch zu, und ihr werdet sehen, wie glücklich das macht. Ihr lebt doch lieber auf der Venus als auf dem Mars, auch wenn die Marsleute euch sagen, dass nur gilt, wer Macht hat und wer Gegenmacht organisieren kann. Wagt es, in der Welt der Stärke Schwäche zu zeigen, die Schwäche für die Schwächeren, damit sie nicht schwach bleiben. Wagt es, an Mitgefühl und aktivem Mitleiden reich zu sein, damit das Leid gelindert wird. Wagt es, als Schwärmer oder gar als »Gutmenschen« verspottet zu werden. Die Seligpreisungen haben sich heute in einem Kontext zu bewähren, wo politisch Handelnde sich kaum mehr trauen, das Wort »Gerechtigkeit« in den Mund zu nehmen, es verwässernd umdefinieren, bis es unerkennbar wird.

II

Christliches, ein Christ sein – wie sozialdemokratisches Denken richtet sich zentral an die, die »hungert und dürstet nach der Gerechtigkeit« mit dem Ziel, dass sie satt werden.

Das weist darauf hin, worauf sich politisches Handeln richten soll und wo das Ziel ist. Beide Volksparteien sind den Prinzipien des Sozialstaates nach Artikel 14 des Grundgesetzes verpflichtet. In einer Welt, wo Solidarität kaum mehr als ein gemeinsames Jammern der Verlierer ist und kaum noch Widerstand wach wird, wo die Stärkeren sich nicht mehr ihrer besonderen Verantwortung für die Schwächeren stellen, sondern nur ihre Gewinnsicherung (höhere Dividende und Abwanderung in Billigzonen!) im Blick haben, fault es an der Wurzel des ganzen Systems. Deshalb ist radikales, an die Wurzeln gehendes Nachdenken und Umformen nötig. Das erfordert ganz schön viel Mut, weil es zunächst viel Angst macht. An diesem Umformen und diesem Nachdenken müssen sich alle beteiligen und gegebenenfalls akzeptieren lernen, welche Veränderungen ihnen selbst zugemutet werden. Nur soll man nicht »Reform« nennen, was in Wirklichkeit »Abbau« besonders bei den Leistungen für die kleinen Leute bedeutet. Zugleich ist der Sozialstaat auf dem gewohnten Niveau offen-sichtlich nicht mehr finanzierbar. Abstriche sind unvermeidbar. Nur bei wem und wie hoch? Das ist die Frage.

Ostdeutschen sei gesagt: Jammern in allen Tonlagen und den Staat für alles verantwortlich zu machen, reicht nicht, auch wenn Ostler darin inzwischen mit den Westlern eins sind. Was kann wem, was muss wem zugemutet werden? Wer kann welche Lasten tragen, wem geht es dabei an die Existenz und wem nur ans Wohlstandsgewohnte?

Auf dem Verschiebebahnhof der Zumutungen herrscht chaotischer Hochbetrieb. Man lasse die diversen Talkshows Revue passieren! Am Schluss stehen alle noch ratloser da. Jeder scheint für seine Lobby zu sprechen. Nur wenige haben das Ganze im Blick. Ohne Einsicht aller Einzelnen und ohne ein Konzept für das Ganze bleibt nur lähmender Stillstand.

Es gibt so unglaublich viel angesammeltes, angelegtes, günstig geparktes oder klug irgendwo im Ausland verstecktes privates Geld, während die öffentlichen Haushalte zusammenkrachen. Wir sind in einer Reichtumsfalle, aber vor allem die wenig Begüterten müssen unentwegt drauflegen, was ihnen an die Substanz geht. Den Armen kommt man leichter ans Geld als den Reichen. Und während Stink-Reiche zwar hier in Deutschland gut verdienen und alle Vorteile dieses Landes, seiner Infrastruktur und seiner Kultur nutzen, aber woanders möglichst geringe Steuern zahlen wollen, als ob es bei ihnen um die Existenz ginge, bewegen sich immer mehr Deutsche auf das Existenzminimum, auf die Armutsfalle zu. Das ganze System stimmt nicht mehr. Luther formulierte 1524 drastisch: »Alles ist in der Habsucht ersoffen wie in einer Sintflut.«

Luthers Reformation ist auch eine Sozialreform, wo an die Pflichten jedes Einzelnen erinnert wird; wo die Leistung gewürdigt ist (und sich auch lohnt!) und wo zugleich die soziale Mitverantwortung des Gemeinwesens wie des Einzelnen für alle Bedürftigen eingefordert wird. Wenn die Zeiten schwierig werden und grundlegende Reformen anstehen, genügt es nicht, an Einzelheiten zu schustern und »schmerzliche Einschnitte« zuzumuten.

Es wäre fatal, wenn man die großen Ziele für die kleinen Leute einfach einmotten würde. Die großen Ziele sind für die Mehrheit der kleinen Leute da! Aber die großen Ziele werden von denen verantwortet und verwaltet, die oben sind – oder die denken, dass sie »oben« seien. Reform heißt: grundlegend fragen, ob das ganze System noch stimmt, in welche Sackgassen unsere Welt – global – gerät, wenn es nicht gelingt, lokal und global umzusteuern.

Reform heißt zu fragen, ob und wie unsere Ursprünge mitsamt den handlungsleitenden Zielen wieder neu – erneut und erneuert, an gegenwärtige Bedingungen angepasst – zum Tragen kommen, statt dass sie flugs beiseite geräumt werden. Also gilt es, sowohl die freie Entfaltung, als auch eine gerechtere Verteilung mit solidarischer Haltung im Blick zu behalten. Politisches Ringen und nicht politische Ränke sind in Politik, Wirtschaft und Öffentlichkeit gefragt. Jeder mündige Bürger (und jede Bürgerin) ist mitbetroffen und mitverantwortlich. Lasst das Problem nicht »bei denen da oben«; es sind *eure* Probleme. Die anderen sollen nicht allein darüber bestimmen. *Ihr* seid Mitbestimmende, zumal ihr im Geiste Jesu leben wollt. Es gibt – für Christen zumal – kein Raushalten, sondern nur ein mutiges Darin-Sein! Jeder mit seiner Gabe, jeder an seinem Platze, mit großem Realitätssinn und mit noch größeren Hoffnungen.

Die ganze Zwiespältigkeit des Menschen kommt darin zutage, dass der Erfinder des Dynamits, nachdem er den Nobelpreis gestiftet hatte, gesagt hat: »Mein Erbe überlasse ich den Träumern, nicht den Machern.« Der das einengende Korsett der bloßen Macher sprengende *Traum* bleibt so nötig wie die verantwortliche Rationalität und die *Nüchternheit* der Macher.

Den sogenannten *Pragmatikern* ist entgegenzuhalten: Wer keinen Sinn fürs Ganze hat, wird sich im Einzelnen verlieren.

Den sogenannten *Träumern* ist zu sagen, dass sie nur in dem Maße ernst genommen werden, wie sie zugleich einen Sinn fürs Mögliche und konkrete Einzelne behalten. Nicht über die wirkliche Welt hinwegträumen, sondern konkrete Schritte denken und tun.

Eine Welt ohne Traum wird herzlos, kalt, dumpf und selbstbezogen. Politiker, die keinen Traum mehr in sich behalten haben, verwalten nur noch. Es geht nicht um Träumereien, sondern um die wirklichkeitsverwandelnde Kraft des Traumes, wo die Differenz nicht traumtrunken oder kalkülkalt übersprungen wird. Deswegen ist die Solidarität mit denen, die die Entscheidungen treffen, so unerlässlich. Man darf Regierende bei ihren schwierigen Entscheidungen nicht allein lassen oder sie pauschal abwerten. Erwartungen von Bürgern verdienen in dem Maße Berücksichtigung, wie ihre Bereitschaft, mitzutun, erkennbar wird.

Entscheidend ist, wie alle mit der täglich erlebten Differenz zwischen Erwünschtem und Wirklichem, Ideal und Wirklichkeit umgehen. Stets lauern resignierte Preisgabe der Ziele, realitätsferne Selbstüberschätzung oder nackter

Zynismus. Zur Hoffnung gehört der Mut, dem eigenen Unvermögen, der Feigheit und Schwachheit, dem Versagen, dem organisierten Egoismus und der Verantwortungs-Abschiebelust tapfer ins Auge zu sehen! Menschen sind keine Heiligen. Menschen sind Sünder, die täglich gnädiger Zuwendung bedürfen. Dieser gnädigen Zuwendung zu vertrauen, lässt Kraft zu erneutem Beginnen erwachsen.

Gottes Gnade bezieht sich auf mutiges, risikobereites Handeln, nicht auf untätiges Abwarten. Christus hat sein Leben nicht für Heilige hingegeben, sondern für Sünder eingesetzt.

In dieser Welt werden kleine Lichter das *Licht*, werden das *Salz*, »das in den Wunden der Welt brennt«, werden *Sauerteig*, damit das aufgeht, was zum »Brot für die Welt« wird.

Die Seligpreisungen ermächtigen, nicht träumerisch über die Wirklichkeit *hinweg*, sondern tapfer in sie *hinein*- und über sie *hinaus*zusehen! Über den Tag und über das Eigene hinaussehen! Um diese von Gott geliebte Welt geht es, um alle geliebten und alle liebenden Geschöpfe.

III

Die Jesusbewegung mit der Bergpredigt war ein radikaler Gegenentwurf zur Welt des Augustus. Immer wieder gab es später in der Kirche Reformaufbrüche. Eine Reformbewegung, die schließlich zur Spaltung führen sollte, war die Reformation. Und heute wird wieder der Ruf laut: Reformen braucht das Land!

»Aus Liebe zur Wahrheit und in dem Bestreben, diese zu ergründen …«, so beginnen die berühmten 95 Thesen Luthers. Auf der Suche nach Wahrheit der Kraft des Arguments trauen, sich nicht dem Argument der Macht unterwerfen. Luther protestiert gegen die Käuflichkeit des Lebens, gar Gottes – in einer Welt, wo selbst die heiligsten Güter in Geld umgemünzt werden. *Jede* große Idee braucht beständige Ursprungserinnerung, Quellengrabung und Selbstvergewisserung. *Zeitgemäß* muss sie sein und zugleich *sachgemäß* bleiben; sonst wird sie modische Anbiederung mit anspruchsarmer Ausdünnung. Eine Reform hat die Substanz zu bewahren und diese besser an den Menschen zu bringen. Sie ist nötig, sowie Erstarrung, Banalisierung oder Missbrauch drohen. Das ganze Leben ist eine Buße, eine Umkehr, eine *reformatio*, betont Luther.

Unsere Kirche braucht beständige Vergewisserung über ihren Ursprung und ihr Ziel. Sie braucht Selbstreflexion und eine Selbstgewissheit, die in Gottesgewissheit ankert. Reform darf nicht zum Lügenwort, zur Täuschung verkommen, indem sie faktisch Abbau bedeutet. Auch soziale Reformen sind nötig. Aber sie dürfen nicht an die Substanz unseres Gemeinwesens gehen, in der jeder seinen Platz in Würde finden muss, freilich ohne Gleichmacherei. Reformen kommen »auf den Hund«, wo all diejenigen, die weiter oben sitzen, der Masse derer, die unten sind, erklären, dass sie mit wenigem gut zurechtkommen können.

»Viele wollen die Welt verändern, aber sie wollen die Welt so verändern, dass sie – die Weltveränderer – sich selber nicht zu verändern brauchen«, schrieb Hans-Dieter Hüsch einmal. Wenn Reform – dann ist es eine Reform an Haupt und Gliedern, wo Stärkere für Schwächere eintreten, damit sich keiner als Aufgegebener empfindet. »Man lehre die Christen, dass, wer den Armen gibt oder den Bedürftigen leiht, besser tut …« (These 44). Unser Reichtum ist das Leben selbst und die Be-Gabung, mit der wir einander *dienstbar* und darin *glücklich* werden. Wenn an die Reformation erinnert wird, dann immer, um mutig heute Zukunftsaufgaben anzupacken. Da wäre ein Vergleich zwischen »Hartz IV 2004« und dem »Gemeinen Kasten 1524« schon eine Diskussion wert.

Stattdessen setzen sich Kinder wie Erwachsene seit einigen Jahren am Reformationstag den Halloween-Schnickschnack auf den Kopf – statt ihren Kopf einer Anstrengung zu unterziehen.

Event wird alles, Inhalt wird nichts; die Selbstverblödung nimmt in der freien Welt immer freieren Lauf. Dabei wachsen die Probleme an. Reformen braucht das Land!

In welchem Zustand befand sich Deutschland im Jahre 1517?

Deutschland verharrte am Anfang des 16. Jahrhunderts in einem lähmenden Reformstau. Alle spürten, dass sich etwas ändern müsste, aber jeder hielt an dem Seinen fest. Der Gegensatz zwischen arm und reich verschärfte sich mehr und mehr. Sogar das Religiöse wurde zu einer Frage des Geldes, etwa im Ablasshandel für den verschuldeten Fürstbischof Albrecht von Mainz. Ungezügeltes Zins- und Wucherwesen mit erhöhter Spekulation machte den Staat arm, einzelne Heuschrecken steinreich. Stinkreich.

Religiös motivierte Weltuntergangsstimmungen verbreiteten sich ebenso, wie sich zu jeder Gewalttat bereite Umstürzler fanden. Geschäfte machte die religiöse Großinstitution – die Römische Kirche und der Papst – mit Angst und Aberglauben. Selbstbewusste Stände und Städte dürsteten nach mehr Eigenständigkeit. Angst vor fremden Kulturen (die Türken vor den Toren Europas!) und Antisemitismus grassierten. Zugleich begriff Europa sich als ein einziger großer *Corpus Christianum*.

Europa stieß, seit Kolumbus die »Indianer« entdeckt hatte, auf die noch unheimliche »Neue Welt« und begann, diese in einem brutalen Eroberungs- und Unterjochungsfeldzug zu unterwerfen und auszuplündern. Darüber richteten sie so gewissenleer wie gewaltvoll ihr Kreuz auf.

Ein selbstbewusstes Bürgertum erwachte. Der mündige Einzelne ließ sich von den Mächtigen und den erstarrten Institutionen nichts mehr vorschreiben. Eine Medienrevolution – die Buchdruckerkunst – ließ neue Ideen schnell wie Lauffeuer über die ganze damalige Welt kommen.

Zu den reinen Quellen wollten gebildete Zeitgenossen zurück – Renaissance: zu griechischer, römischer Kultur und Bildung, zu den biblischen Ursprüngen. Man wollte keine weitere Fremdbestimmung von den Hügeln des Kapitols dulden.

IV

Die Hammerschläge vom 31. Oktober 1517 richteten sich gegen den großangelegten Volksbetrug mit religiösen Volksaktien, gegen verlogenen, wenn nicht gar zynischen Seelenfreikauf ohne jede Selbstbesinnung, für eine Selbstprüfung und Umkehr von falschen Wegen, wo vieles im äußeren schönen Scheins verkommen war.

Den Blick auf die Armen wollte Luther freilegen (*sie* sind der »Schatz der Kirche«), Werke der Barmherzigkeit seien gefragt, zuerst von der Kirche, die bei der Beseitigung von Armut und ungerechten Verhältnissen vornan zu stehen habe.

Der Mensch sei von Gott frei-gesetzt, könne sein Haupt erheben, müsse vor niemandem gebückt leben; er sage unerschrocken, »was seines Herzens Meinung sei«. Der Freie sei zugleich (mit-)verantwortlich für seinen Nächsten und für ein gedeihliches Gemeinwesen. Freiheit bedeutet nicht Willkür, sondern ein Freisein füreinander.

Was bis heute ansteht:

Mündigkeit gegen Manipulation und Unbildung (oder medial vermittelte, auf äußeren Gewinn hin orientierte Ablenkung oder gar Selbstverdummung).

Suche nach Ursprüngen, Verwurzelungen, reinen Quellen. Das Einfache ist das Wahre!

Sozialreformen, die den Ärmeren und den Armen (auch in der Dritten Welt) zugute kommen und nicht irreführende Tarnworte für Sozialabbau sind. Die christliche Religion ist weder ein Geschäftsunternehmen noch ein Angstmacherin oder Opiumverabreicherin, sondern Trägerin der Botschaft von Freiheit und Gerechtigkeit.

Umkehr aller zu einem zukunftsverträglichen Handeln in einer dem Menschen anvertrauten Welt, wo er seine Herrschaft in Verantwortung vor dem Anvertrauten wahrnimmt.

Wertschätzung jedes Einzelnen – Artikel 1 des Grundgesetzes: »Die Würde des Menschen ist unantastbar« – und *Entfaltungsmöglichkeit* für alle Begabungen zu gemeinsamem Nutzen (»Mit seinen Pfunden wuchern« können!).

Selbstgewissheit aus der spirituellen Tiefenkraft eines aufgeklärten Bürgers, dessen Wert sich weder aus seiner gesellschaftlichen bzw. kirchlichen Höherstellung, noch aus seinem Reichtum bemisst.

Wir bräuchten im 21. Jahrhundert nicht bloß eine genauere Erinnerung an den Reformationstag im 16. Jahrhundert, sondern mutigere Reformen, die sich am größeren Wohl für die größere Zahl zu orientieren hätten, nicht am weiteren – weltweiten! – Höhergewinn einiger weniger. Es bedarf jener von Albert Schweitzer entworfenen »Ehrfurcht vor dem Leben«, einem Leben, das verdankt ist und das verpflichtet.

Jeder ist gemeint – keiner kann sich auf andere oder Höhere herausreden.

Klare Köpfe braucht das Land, keine Kürbisköpfe!

Glück begreifen

Was mir über alles geht und mich beglückt?

Der bewusst gewordene Augen-Blick als geschenkte und erfüllte Zeit, im Vorübergehen spürend das Wunder des Lebens. Im Vollbesitz meiner Sinne sein:

Das *Farbenglück* des Zusammenstimmens von rot, grün, gelb, blau. Und die vielen Zwischentöne. Bei dem Gelb van Goghs in Amsterdam und dem Rot und Blau Emil Noldes in Niebüll.

Das *Hörerlebnis* – von Bachs Klavierkonzert bis Eugen Cicero und Alexis Korner.

Die *Geschmacksempfindung* – gar bei einem altmärkischen Schwarzbrot mit Harzer Käse und Ur-Krostitzer Bier. Und eine gute Tomatensuppe geht mir über alles.

Das *Ertasten* der Oberfläche eines Tisches, des Papiers, eines Stoffes, einer Skulptur. Das Streicheln des Gesichts, das Umschmeicheln des Steins, der sich Schmeichler nennt.

Der betörende *Duft* der einen Rose aus meinem Garten, geschenkt von meinem Sohn. Auch der Tomatenstrauch- und der Knoblauchgeruch nach dem Ernten bzw. dem Zerschneiden einer Zehe zwischen Daumen und Zeigefinger.

Das Zusammenstimmen aller Sinne, wo *Sinnlichkeit und Sinn* ineinander und aneinander treffen – bei einem schön gestalteten Fest; du bleibst immer ein Einzelner, Unverwechselbarer, Unaustauschbarer, auch einsam. Und du bist umfangen und geborgen, angeregt und gestärkt beim Essen, beim Reden, beim Tanzen in der Gemeinschaft derer, die du lieb hast und die dich lieben. So, wie du bist.

Bei der Beerdigung meines Bischofs Werner Krusche sang im Juli 2009 der Magdeburger Domchor einige Motetten

Bachs. Tränen der Trauer verwandelten sich in Tränen der Erlösung – so viel Herz auf der Zunge war bei diesem Chor wohl nie. Und ich erfuhr bei der Predigt seines Freundes Bischof Johannes Hempel die Wahrheit des Satzes: »Das Zeitliche segnen«.

Und wieder und wieder sind es *Zeilen*, die mir, wie beim Klopfen eines Blinden mit dem Stock auf den Boden, anzeigen: hier bist du auf festem Boden. So ungefähr hat es einmal Günther Eich ausgedrückt. Das ist stimmig und das stimmt. Ob Psalm 23, 103 oder 139, ob Brechts »An die Nachgeborenen«, Rose Ausländers »Gemeinsam«, Hilde Domins »Ich will dich«, Joseph Eichendorffs »Mondnacht« oder Goethes »Zum Sehen geboren, zum Schauen bestellt«.

Immer hin und her gerissen zwischen dem genießerischen Nihilismus in Gottfried Benns Gedicht »Verlorenes Ich« und Bert Brechts »Vergnügungen«. Ja, das sind die unübertreffbaren Vergnügungen des Lebens: »Der erste Blick aus dem Fenster am Morgen/ das wiedergefundene alte Buch/ …

Singen/Reisen/ Freundlich sein.«

Wo fast alles zu einer Frage des Geldes wird, gewinnt gerade das an Wert, was ohne Geld zu haben ist und was uns zum Sein, zum erfüllten Da-Sein hilft.

Es ist wichtiger zu wissen, *wer* man ist (in sich selbst und für andere) als das, *was* man ist und darstellt auf den Stufenleitern der Karriere, deren Stufen so brüchig sind.

Also: Spazierengehen und Schlittschuhlaufen, singen und tanzen, lesen und rezitieren, Briefe schreiben und Bilder malen, nachdenken und vorausdenken, Rad fahren und schwimmen, sinnen und schweigen, spielen und graben, säen und beschneiden. Schenken und beschenkt werden, helfen und Hilfe erfahren, freundlich gegrüßt werden und freundlich grüßen, loben und gelobt werden, Zeit geschenkt bekommen und Zeit schenken, Widerspruch erfahren und widersprechen, ganz bei sich sein und ganz bei dem anderen sein, danken und schimpfen, Zuspruch erfahren und sich einem Anspruch stellen.

Was mir lieb und wert ist? Etwas zu sein und etwas zu tun – etwas tun, was das Sein befördert. Das Angewiesensein auf andere nicht als eine Einengung, sondern als Bereicherung erfahren. Eine gegenseitige. Dem anderen zum Christus werden – so kühn hat das Luther ausgedrückt.

Und Augustinus füllt das aus:
Miteinander reden und lachen
sich gegenseitig Gefälligkeiten erweisen
zusammen schöne Bücher lesen
sich necken
dabei aber auch einander Achtung erweisen...

Es gibt Momente, die den Wunsch in sich bergen – ja geradezu todessüchtig machen – nun nicht mehr weiterleben zu wollen, weil alles weitere so banal wird, weil das Erleben des Ganz-Daseins so unwiederholbar beglückend ist:

Mein erstes Hören der 4. Sinfonie von Schumann 1964 im Theater in Halle, die 8. Sinfonie von Schubert mit Karl Böhm. Das Brahmsche Requiem am Totensonntag nach dem frühen Tod meiner Mutter. Das Ganzalleinsein mit Barlach in der Gertrudenkapelle in Güstrow, der festlich gedeckte Tisch am Sonntagmorgen zum Geburtstag. Deine innige Umarmung.

Und Räume sind es, die über alles gehen: die norddeutsche Backsteingotik, der Lettner in Naumburg und die Erhabenheit des Ulmer Münsters, die schlichte Strenge der Romanik in Jerichow, Quedlinburg oder in Burgund.

Die Landschaften, vor allem meine Landschaft, die Landschaften der Elbe bei Hoch- und Niedrigwasser.

Wo das Leben dicht wird, wo der Spaß aufhört und das Glück anfängt – bei der erhebenden Erfahrung des Geheimnisses der *Communio* im Dom von Magdeburg. Eine klärende Predigt nach hitzigen Debatten auf der Synode – wo am Sonntag dann nicht alles gut ist, aber aller Streit sich relativiert, die Differenzen im gemeinsamen Brotbrechen und Weinteilen aufgehoben sind. Ganz für jeden, für jeden ganz.

»Unser Wissen ist Stückwerk und unser Weissagen ist Stückwerk.

Jetzt erkenne ich's stückweise; dann aber werde ich erkennen, gleichwie ich erkannt bin.

Nun aber bleibt Glaube, Hoffnung, Liebe, diese drei; die Liebe ist die Größte unter ihnen.« (1. Korinther 13) Also, worüber nichts geht, ist die Bibelübersetzung Martin Luthers. Ein Geschenk von Sprache. Keine Übersetzung. Das gilt nur bis zur Revision von 1912. Da ist das noch Luther. Alles Spätere will große Literatur schnellerer Verständlichkeit unterwerfen. Wie wäre es erst, wenn der erhabene Stil einer feierlichen katholischen Messe (das muss nicht römisch sein) mit der Expressivität und Poesie der Sprache eines Martin Luther zusammenträfe?! Es ist doch der *eine* Gott, dem wir glauben, dem wir vertrauen, dem wir uns anvertrauen. »Fall hin und her. Verzweifle nur nicht. Und steh wieder auf.«